在这里分享读书的经历、买书的故事

好书
是可以读一辈子的

我的读书经验

傅 杰 主编

上海人民出版社

傅杰老师主持的名家讲座

“我的读书经验”

扫码回顾，聆听名家读书的经历、买书的故事

序

傅杰
浙江大学马一浮书院特聘教授

在“我的读书经验”系列讲座举办之初，我曾记其缘起：

> 志达书店的主人邹斌是二十多年前在复旦听过我课的学生，也是买书成瘾的书痴。那时学校周边大小书店近二十家，我也常在课上荐书。如今时过境迁、风流云散，除了复旦出版社旗下的经世书局，学校周边的学术书店只剩更老牌的鹿鸣与已经熬过了十六年的志达还在坚持。
>
> 邹斌跟既有同好、也是同学的夫人罗红约我主持讲座，希望能让更多的学弟学妹有机会经受他们当年受过的“毒害”，觉得那种“逛”的味道，那种意外撞上一本中意之书的狂喜，都是在实体书店才能体会到的，是一种学生时

代难得又难忘的幸福。而我从青年教师渐成老年教师，最愿做的事仍然是劝人读书，很容易就跟他们一拍即合。这个“傅杰老师主持的名家讲座”不同于学校的各种学术讲座，我只定了一个主题，就是“我的读书经验”，将不定期邀请我敬佩的师友来书店，或忆一忆他们的读书经历，或聊一聊他们的买书故事，或谈一谈他们的读书心得，或向青年朋友推荐若干他们心目中的好书。

我想，一个有文化的大学的师生总不可能不是书的爱好者甚至痴迷者，所以好的书店实在是有文化的大学周边一道不可或缺的风景线。希望通过我们日积月累的努力，如邹斌、罗红这样爱书的后浪会越来越多；也希望复旦周边乃至全国其他地方，如鹿鸣、志达这样的书店不会越来越少。

讲座开办以来，多位著名学者慨然加盟登坛，广大听众给予了热情的鼓励，澎湃新闻等媒体也做了连续报道。在上海世纪出版集团阚宁辉总裁、王为松总编辑的支持下，讲座实录今由上海人民出版社陆续梓行，既可以给众多参与、收看了讲座的朋友留下珍贵的纪念，也希望跟更多未能参与、收看讲座的朋友分享难得的教益。

目录

第一讲　荣新江

一本本书翻下去

荣新江

北京大学博雅讲席教授，教育部长江学者特聘教授，中国敦煌吐鲁番学会会长，全国古籍整理出版规划领导小组成员。

主要研究中外关系史、丝绸之路、隋唐史、西域中亚史、敦煌吐鲁番学等。

著有《中国中古史研究十论》《中古中国与外来文明》《中古中国与粟特文明》《敦煌学十八讲》《辨伪与存真——敦煌学论集》《敦煌学新论》《海外敦煌吐鲁番文献知见录》《归义军史研究——唐宋时代敦煌历史考索》《学术训练与学术规范——中国古代史研究入门》《学理与学谊——荣新江序跋集》《从学与追念——荣新江师友杂记》《三升斋随笔》等，主编《唐研究》（1—23卷）等。

傅杰：

谢谢今天来参与讲座的各位朋友，以及现在正在线上观看我们节目的各位朋友，当然，也要谢谢志达书店。志达书店的主人是复旦大学二十多年前的学生，因为爱书办了书店，希望能有更多的同学通过逛书店而热爱书，因此，邀我来主持一个名家讲座。我想，第一，我们靠近复旦，第二，虽然现场有很多朋友来自各个不同的专业，但是既然参与我们这个节目，肯定都是爱书人，那么跟学校的演讲主题有点区别的话，就是请一些我觉得书读得特别好、学问做得特别好的我敬佩的师友们，来跟大家分享一些他们读书的经验。

我非常高兴，跟志达书店的我这两位二十年前的学生刚刚议定这个讲座，就意外地发现有个大佬朋友发了个圈，他正在上海——这就是荣新江教授。

今年的疫情很严重，实在太糟糕了，但对我们来说有个好处，就是荣老师不能到处跑了，他只能在国内，要不然不知道他在哪里，一会儿在日本，一会儿在欧洲。现在他在国内也是来无影去无踪的，前不久在敦煌待了好长时间，是吧？忽然就到了上海。之前他来上海，经常是今天到明天走。我这次问他什么时候走，他说下周一，我就跟他讲有一个这样的讲座，希望他来支持一下。他在上海博物馆参会，排了时间，只有今天晚上有空，明天上午他要到上海外国语大学做个讲座，然后就回北京，所以今天能来，非常难得。

大家都是看了海报来的，荣老师的著作和头衔我就不重复了。我只说一句，他比我大一岁，在同龄人当中，哪怕是我敬佩的朋友，我大体能知道他们学问有多好、他们成就有多大，只有荣新江老师，我实在不知道他学问有多大，我也不知道他懂多少种语言。我们海报上列举的书，除了《学术训练与学术规范——中国古代史研究入门》之外，不少是我看不懂的。他读书的经历非常丰富。虽然比我大一岁，你好像是七七级的？

荣新江：

七八。

傅杰：

北京大学历史系七八级的。他在欧洲访学的时间很长，到过很多地方，跟很多先生都有交往。我就不啰唆了，我们欢迎荣新江教授。

荣新江：

谢谢傅老师这一番夸奖，实际上言过其实，没有那么多语言，没有那么多学问。也谢谢志达书店给这个机会跟大家有一个互动，有一个交流。

傅老师说轻轻松松地讲，但是我也没有这么讲过，我想是一个探索吧，跟大家聊聊买书、看书、读书的一些——不敢说是“经验”，就是过去我们这一代人读书的一些体会或者一些感受。这对于今天的年轻人不一定都有用，但是可以当作掌故来听听。我们“文革”之后如饥似渴地读书的那个环境和读书的那种感觉，可以跟大家一起回想一下。其实我也是临时回想了一下，因为到了上海傅老师才给我这样的任务，所以我只在电脑和手机里头找到了一些图，请大家先看看我的图。

这是我现在回想起来很愉快的一件事

荣新江教授讲述青年时代探寻北京书店的故事

这是一张很简单的北京的中国书店的分布图。当然这是最近这些年的，我想找上世纪七十年代末八十年代初我上学时候的北京的书店分布图，没有找到合适的，但是这张图也可以代用。为什么讲这张图呢？我们在中学时代其实没有读什么书，到了大学，逛书店是很好的读书途径。

我是六八年上小学，七六年中学毕业，几乎没有念什么书，七六年到七八年这两年读了个高中。读这两年的高中就是我考北京大学唯一的准备。其实我考北京大学就是因为《水浒传》读多了。我在“文革”期间没什么书可看，就《水浒传》读得多。我读过五种版本，一百零八将倒背如流，对那些历史人物感兴趣，所以就报考了历史，就“蒙”上了。

我是从一个特别野的地方来的——天津塘沽区新港中学。我一直是班里的体育委员，不是念书的人。但是上了大学之后，在北大要什么书几乎就能找到什么书，我就特别爱念书了。中学的时候，我们中学的图书馆员把书都扔了，就剩下科技史的书。所以我倒是翻过很多科技史的书，像李约瑟的《中国科学技术史》和翻译过来的那些化学史、数学史，虽然读不懂。当时我对这个很感兴趣。所以，上大学第一年，我在北大就是读科技史的书。但是读到最后，我读不动了，我根本就进入不了理科的计算世界，因为在中学没怎么好好学习。这时候敦煌吐鲁番学来到了北大，王永兴、张广达先生他们开班，我就跟着他们一头扎进了敦煌吐鲁番的故纸堆。

荣新江教授大学期间与王永兴、张广达两位先生的课间留影（右起依次为张广达、王永兴、荣新江）

那个时候，我大概每个月一次，骑着自行车从北京大学出发去逛书店。我可以给大家演示一下，非常有意思。我骑自行车从北京大学到车公庄，再从官园这儿岔过来，过西四，然后，我记得是先到文物出版社的门市部，再到灯市东口的中国书店。灯市东口的中国书店现在还在。那时不仅卖中国古书，它里头有个门帘儿，帘后有一个屋子，我们都知道，人撩开那帘儿就可以进去，里头呢，就是卖翻版书的，比如我们学日语用的《广辞苑》就五块钱，《牛津现代高级英汉双解词典》也是五块钱。如果没有那些翻版书，我们那一代真是出不来那么多外语人才。那书店也卖很多翻版的学术书，比如斯坦因（M. Aurel Stein）的《沙埋契丹废址记》（*Ruins of Desert Cathay*）、《沙埋和阗废址记》（*Sand-*

Buried Ruins of Khotan）。大部分书我都买不起，但林梅村买得起，他是有工资的。我看中的很多书，跟他一聊，都被他买走了。那时候的工资其实是很高的，特别是对一个大学生来说。当时我没有工资，只有十三块钱的助学金，所以我没有钱买书，就是去看书。

从灯市东口继续骑，经过东单的中国书店，沿着长安街走到六部口。六部口有一个书店是专卖杂志的，可以在那儿零买杂志。比如说，你要想找《世界宗教研究》的某篇文章，就得到那里找。再南下一点儿，就到了琉璃厂。逛完琉璃厂的古旧书店之后，先到西单主街旁的中国书店，然后到新街口的中国书店。新街口的中国书店卖什么？中华书局的书——从印厂直接运过来的，特别便宜地卖。我估计是中华书局不知道的一个店。所以，我买中华书局的书都是到新街口。但我的"二十四史"还不是在那儿买的，"二十四史"到哪儿买呢？北京展览馆前面有一个进出口公司，我买它出口转内销的书，就是在国外卖不出去，三四年后再拿回来卖的书。《史记》《汉书》这些基本上一块钱一本。这样呢，基本就是一天。在灯市东口这儿有个锅贴店，一般中午吃一顿锅贴，然后骑着自行车走这么一圈儿。其实，我不是以逛书店为主，而是以看书为主。因为一本新书进入北大图书馆编目的话，要半年以后才上架，所以逛这一圈儿基本上就是为了熟悉新书，很多新出的书就是通过这一个月一趟的骑自行

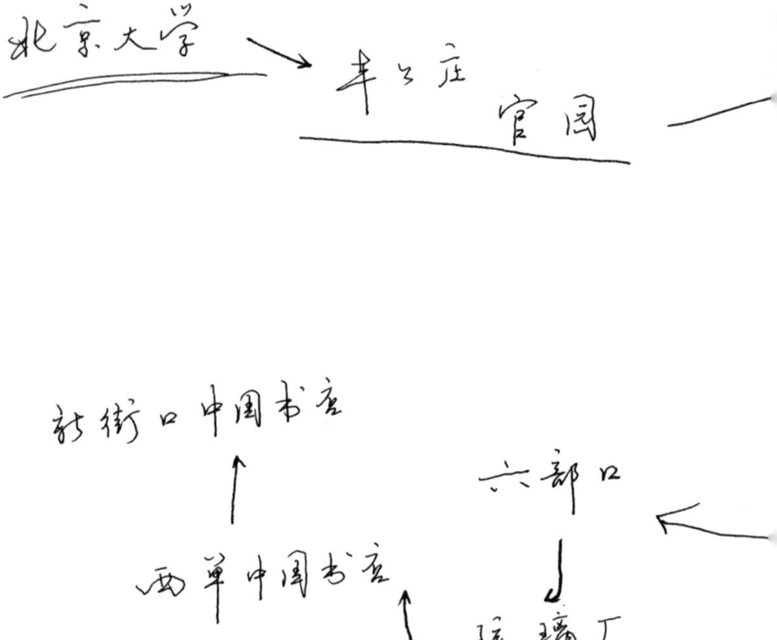

荣新江教授青年时代骑车逛书店路线图

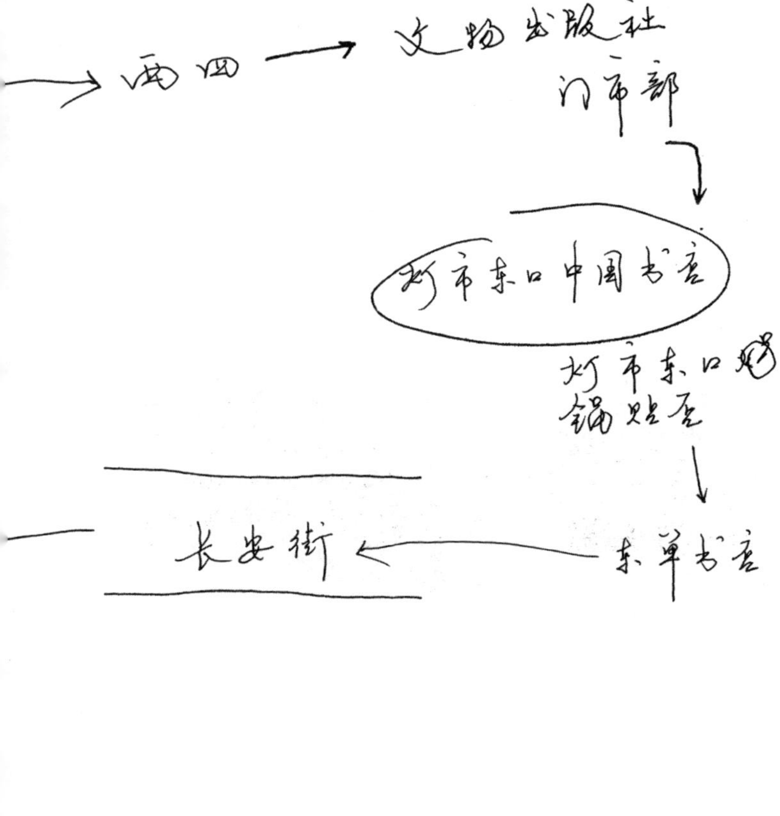
西四
文物出版社
门市部
灯市东口中国书店
灯市东口
锅贴店
东单书店
长安街

车逛书店熟悉的。现在再想要这么逛，已经很不容易了，因为电动车之类的骑不快。过去快的时候，我大概四十分钟就可以到灯市东口，因为选择的路都是有单行道或者是有树荫的。这是我现在回想起来很愉快的一件事，现在基本上不可能有这样的愉快的日子了。

另外一个很好的读书途径，当然就是北大图书馆。这是北大图书馆后来盖的一个新馆，其实我们读书时候借书都在它后边的一个老馆，在它的西边，跟它接着。这个老馆很不好看，在电脑上几乎找不到老馆的图片了，都是新馆的样子。

北京大学图书馆新馆

北京大学图书馆老馆

北大图书馆在高校图书馆里头是非常好的，不管是中国传统的书还是西文的书，馆藏都很丰富。当时国家的经费不多，西文的书有时候集中由北大购买。比如博士生购书款，当时只由北大使用。北大购书后，各个学校的学生就去那儿查书。所以，北大得天独厚地有很多西文书。

最早我们一个学生可以借十本，我几乎没有停过这个“十本”，经常拿一个塑料网袋儿去借书。那个时候所谓的“十本”，不是十本书，一函的线装书也算一本。所以，我就要拿一个大塑料口袋，跟打鱼的人一样，背一堆线装书出来，然后一本本翻。那时候线装书还可以借出来。我的老师张广达先生就说：“你就要不停地翻书，一本书一本书地翻。”敦煌卷子，我应该翻过三遍，很多书我也都翻过很多遍。书借了一个月就要还，还了之后呢，经常是想起来了就再借。

我居然还能够找到别人发给我的北大图书馆借书的卡片。这些卡片北大图书馆现在已经不用了，所以很多学生就抽出来，留作纪念。其实每一个卡片都是一个掌故。这是我研究生时期借书的一个卡片。你们看，那个 130150，是我。北大图书馆的卡片，我们都不敢往上面写名字，写名字的都是季羡林、耿世民、马雍，张广达……我借的中亚史的书都是有他们签字在前的，我们只敢写学生证号。我本科的证号是 7813045，我记得非常清楚。要记住我的 7813045，绝对有非常多的书，在宿白先生的后面是 7813045。到了研究生阶段，我

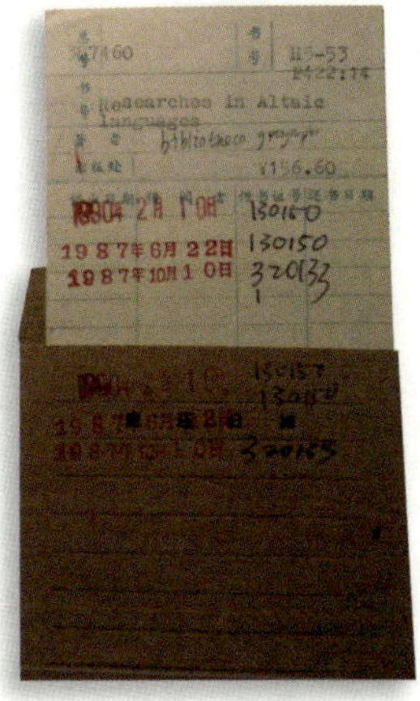

北京大学图书馆借书卡

的证号就是130150。当时借书是不能够扣住一本书不还的，一本书不能借很长时间，我用的时候就要不断地借。这是一本阿尔泰学的会议论文集。我也做突厥研究，用哪篇的时候就借。我也复印不起书，就不断地借，不断地借。你看，130150、130150……这中间有个320133，其实也是我，我借同学的证件借的书。另一张呢，是北大历史系的图书馆的卡片——这我们敢写名字。这是“国学基本丛书”的《十六国春秋辑补》的卡片，你看后边儿，都是魏晋南北朝史专业的，但我比他们借这书都早。后边儿有陈勇、罗新，都是研究十六国的。后来的陈奕玲、李万生都是田余庆先生的田门弟子，他们当时专门研究这个。因为我研究敦煌、中外关系，我也看《西凉录》那些，所以我也是用过功的。借这书很早，是一九八九年的时候。这图也是别人拍给我的，我就存在手机上了。我想跟大家聊聊这些过去读书的经历，可能现在年轻人没有的、很好玩的一些经历。很多北大的毕业生攒了很多这些卡片，其实一张卡片就可以写一篇小文章，很有意思。你们将来要是有机会借北大的书，也可以看到这些。

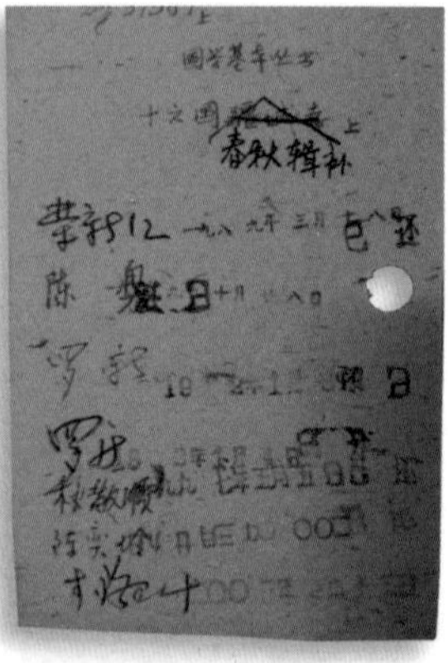

北京大学历史系图书馆借书卡

现场听众用手机记录珍贵的照片资料

我不藏任何珍本书，我只使用书

刚才傅老师说我在欧洲访学很长时间，其实我就是研究生的最后一年去了莱顿大学学习。我当时不到二十五岁，可以买一张欧洲铁路联营票。买完票的一个月之内，北到赫尔辛基，南到卡萨布兰卡，东到伊斯坦布尔，西到海岸线，你拿着这张价值人民币两百多块钱的票，所有的火车就可以随便坐，多少次都行，一天内可以往返坐。所以，有时候我就以汉堡为原点，一会儿去斯德哥尔摩、哥本哈根，一会儿去不来梅，一会儿去柏林。欧洲铁路联营票我买了两张，当时一荷兰盾等于咱们七毛三分钱，所以我买两张票就四百多块钱。一张票从火车开到荷兰的边境起生效，在荷兰本土不算。但是荷兰很小，火车一下子就到边境了，然后我就在欧洲“周游列国”了两个月。我就背着一个双肩包到处跑。当然，包里装着一身西服，因为我要拜访 Bailey 等爵士、教授，也要换上西装，装一下洋蒜。

欧洲其实没有中国这种逛书店的文化，他们还是习惯使用图书馆，不太用逛书店的方式看书。而且欧洲的书店规模都很小。我每周都去莱顿的 BRILL，它现在的中文名是博睿书店。博睿是很大的商业出版社，我的《敦煌学十八讲》英文版也是它出的。博睿书店星期六会租给一个小伙子卖旧书，我就每星期六去翻翻。大部分贵重的我买不起，我就挑几本一荷兰盾一小本的薄薄的抽印本。实际上那抽印本往往是有名家题赠的，题赠给某位著名教授，他去世之后就被他家里人卖出来了。所以经常可以找到非常有名的，比如说列维（Sylvain Lévi）、伯希和（Paul Pelliot）、戴闻达（J. J. L. Duyvendak）、何四维（Anthony E. P. Hulsewé）。有时候我会买一些这样的小本儿作为礼物，比如我买过列维的送给徐文堪先生当一个回国的礼物。

《敦煌学十八讲》
北京大学出版社二〇〇一年版

后来在国外跑得多了，我觉得还是在神保町收获最大。神保町近年国内学者去得也很多。我如果没有什么其他安排，基本上每年三月底到四月初都会去一趟。三月底是日本的教授退休的时候。日本很严格，退休这天你必须清空研究室，而日本的家是装不下教授这一研究室的书的，一般一个日本教授攒的书相当于我们一个小型研究所的藏书。这时候，他或者卖，或者扔，书都让神保町拉走了。神保町呢，有的人懂行，有的人则完全不懂，就非常便宜地要处理掉这些书。便宜到什么地步呢？比如说三百日元一本，比一杯咖啡都便宜。一杯咖啡在日本是五百日元，一顿中午饭、一个便当也是五百日元，在东京可能稍微贵点儿，要八百日元。所以，我在神保町买了很多我在欧洲找不到或者买不起的书。像《于阗－塞语词典》（*Dictionary of Khotan Saka*），原价一百五十英镑，我哪买得起，只能复印一套，但是我在东京大学对面的一家佛教书店里七千日元就买下了。我就觉得我有很多在神保町的奇遇。有一次，我就扫了一眼，发现有我的《于阗史丛考》，九三年上海书店

荣新江教授手拿在东京大学前面书店的收获留影

荣新江教授在一诚堂找书时留影

版。这已经很少见了，居然有人卖出来。而且一翻，里头还有眉批。“这一定是个专家”，我眼睛一亮，往旁边儿一扫，全是关于中古伊朗语的各种西文的书。我就全部收下，非常便宜就得了一大批书。当然，有些新书，没办法，只能咬牙买。我现在每年最主要去的是一诚堂。一诚堂其实是一个图书博物馆，它底层是日文书，二楼都是西文书。从十六世纪的《马可·波罗行纪》剌木学本到现在最新的西文书，它全部都有，几乎没有缺的。如果缺了，你告诉它，两个月书就进来了，它就给你寄过来。这个书店经营得非常好，书非常之全，摆设也像一个博物馆。

由于近年人民币的升值和日本书价的稳定，我越来越多地在日本买书。从九一年我第一次去日本到现在，日本商品的价格基本是没有变的，所有的书价基本是一样的。可是我们中国人九一年挣多少，现在又挣多少，所以我们的购买心理就不一样了，就敢买了。以前我根本不敢买书，只是看书，现在就敢下手，一两万日元的书都敢下手。过去我编

《唐研究》，如果我去日本的时候装两个二十三公斤行李箱的《唐研究》给日本的朋友的话，我所有的机票和住宿的钱就都回来了，不用花任何钱。所以，我每年三月份就拎着两箱子《唐研究》过去，每天都排好了请我吃饭的人，白天就是逛书店。如果再有两个讲演，还能赚几个钱。我就是用这样一种“资本主义再生产”理论——其实我家里没多少钱，我就是这样自己“再生产”。所以，我从来不藏善本书和线装书，不藏任何珍本书。我只使用书。

我的书，我最得意的一点就是快，就是这书出了我很快就有。我带研究生，我一般不让他们借我的书。我说：“你们想借的书，我都有。但是图书馆有的，我绝对不借你，你先练练怎么去找书，这是我练过的。但是到了快毕业的时候，你找不着的书，我会全借给你，让你顺利毕业，你不能延期。”

《中西交通史料汇编》《西域南海史地考证译丛》《唐代长安与西域文明》这些就是我早期买的一些书。我的书很普通，很多都借给过学生，已经翻得书品很差了。但是，我的书很全，在我做的这几方面，像敦煌吐鲁番、中外关系、丝绸之路——其实我原来藏学的书也很全，但后来我都捐了——包括西北史地、隋唐史的书，我过去都是非常全的。这当然有早期就跟台湾的学者交换图书的缘故。最早我跟台湾学者交换书的时候，那时候两岸还没有通邮，要先寄到香港的书店，然后香港的书店再转寄。其实还有很多找书的故事。我刚才给大家看的就是张星烺、冯承钧还有向达的书，这三位就是我们中西交通史的三大家，这些书都是慢慢地攒起来的。

沿着书架子走，一本本地翻

我没有读过博士，八五年就毕业留校了，有三十五年教龄，但是我用过几个很好的境外图书馆，像莱顿大学的图书馆、伦敦大学亚非学院（SOAS）的图书馆、耶鲁大学的图书馆、香港中文大学的图书馆，当然还有日本龙谷大学的图书馆。这几个地方，我都待过三个月以上，基本上是沿着书架子走，一本本地翻。当然有的没走完，但大部分是走过一遍的——从头往下走。我短期用过法国高等实验研究院汉学所的图书馆、京都大学人文科学研究所的图书馆，还有一些其他的，像东洋文库。东洋文库我虽然也待了三个月，但是没有走完。正好赶上了一个冬天，这个书库里头没有暖气，而且日本人进书库必须穿拖鞋，就冻得不行，我待一会儿就得跑出来暖和一下，所以没有走完。其他几个图书馆的书都是翻完了的，比如说莱顿大学的图书馆。

这是在莱顿大学汉学院的天井。汉学院在的地方原来是一个兵营，方形的。西方是学院制，一个院里头五脏六腑俱全。汉学院的四角是四个教室，四边的每一个屋子都是

荣新江教授与韩振华先生莱顿大学汉学院留影（左为韩振华，右为荣新江）

一个教员的研究室。中间一半儿是天井，可以坐在这儿聊天，另一半儿就是书库。所以，西方学者不怎么攒书，他们都“上班”——就是到研究室来。没有人管他们，但是他们都到。要用书的时候，他们就随时到图书馆去拿，两三分钟就可以拿到任何一本书。所以我回国之后跟邓广铭先生开玩笑说：“你这个家里头什么书都有，这是封建式的经营，他们是资本主义式经营。”我们送给汉学院的院长、我在那儿的导师、《佛教征服中国》（*The Buddhist Conquest of China*）的作者许理和（Erik Zürcher）的书，都在汉学院图书馆的书架上，不在他自己屋里。他基本不攒书，给他书，他就归公。其实，这是非常好的制度，以前的史语所也是这样。后来邓广铭先生创建我们中古史研究中心也是这样的理念：大家都来“上班”，大家拥有一个最丰富的图书馆。但是中国学者没这习惯，我们中心只有我和朱玉麒天天在那儿，其他人都不在，都空着研究室或者把研究室给研究生用，所以我觉得还是没有到那个阶段。照片里是厦门大学韩振华先生，他当时访问莱顿大学，我在那儿给他跑腿。我就是把底层的汉学院的图书馆走了一遍。它的楼上是 Kern Institute，科恩学院，也就是印度学院，楼上还有日本学院。三个学院就在这个“兵营”里头。

另一个我常去的，就是莱顿大学总图书馆二楼的东方写本与图书部，过去巴托尔德（Василий Владимирович Бартольд）写《蒙古入侵时期的突厥斯坦》（*Turkestan Down to the Mongol Invasion*）时查那些阿拉伯文、波斯文的书，都是到这个地方。荷兰是个老牌的帝国主义国家，原来的东印度公司搜罗了很多的东西，从近东到中东，一直到远东。所以这个图书馆的资料是非常好的，特别是中近东的。写本部的书当然要填单子才能够拿出来看，但是普通的都可以直接翻阅。所有西文的东方学的杂志都是从一八几几年的第一本一直到最新的一本，还有所有的专题论文集，比如某某人的纪念文集或者某某东方学会的研究纪要，全部在这一个屋子里。而且这个屋子其实是没有人的，晚上就我一个人。那时候没电脑，我买了一个手动的打字机，拿莱顿大学汉学院的旧卡片的反面做卡片，我就一本一本杂志过。所有的西文杂志，到一九八五年的，我可以说全部过了一遍。只不过那时候眼界比较狭窄，我只关注于阗、敦煌、吐鲁番这些，让很多东西都跑过去了，但毕竟过了一遍。我现在给学生讲课的时候，至少对以前有什么人在什么杂志里头写过一些什么文章有大致的印象，就因为我有这套卡片。当时把这些卡片运回来，大概装了四个箱子吧。现在这些信息都存到了电脑里头，这让我之后做学问非常受用。我就是一本一本地翻。先翻目录，有我想看的，我就翻到那篇去看，再有内容，我就打一个卡片，甚至抄。一楼有一个复印机，但是我复印不起，基本上没有复印，就是抄。我大概用了两三个月的时间，把这个地方所有的书都翻了一遍。

莱顿大学总图书馆

我有一个本子，记录某种杂志我看到什么地方，然后我到下一个图书馆就补没看过的。比如伦敦大学亚非学院的图书馆，除了善本书，它五层全部开架，第五层是全部的杂志，其中历史类的杂志我就全部过了一遍，把我以前的都补到一九九一年。但是语言类的杂志——因为我要找吐火罗语、于阗语、粟特语——就没有翻完。语言类的杂志太多了，各种东方语言的都要找，而且有些印欧语言的杂志翻半天可能只有一篇可用，就只能先舍弃，翻别的。像艺术史的杂志，我是在香港中文大学的钱穆图书馆翻的；像宗教史的杂志，我多是在香港中文大学的崇基学院翻的。有了些收入后，我有时候会选择一个开架又能最便利地拿书的地方，旁边就有复印机，就可以随时印。其实早年在香港中文大学复印比在内地大学复印便宜得多，我大量的书是在香港中文大学复印的。特别是民国时期的杂志，我们的图书馆都不让印，但是在香港中文大学、伦敦大学都随便印。复印的时候也掉渣啊，就有点儿不敢印太多，但是都能印，非常方便。

在境外查阅资料，我对各个地方的分工不一样。像耶鲁大学，它实际是 Weinstein 在买书。书之全你几乎难以想象。其实在美国，哈佛、耶鲁、普林斯顿这三个大学的图书馆是“无书不买”的，所以我们现在的学生如果要查一本书出没出，先查哈佛图书馆的编目，哈佛图书馆有了，这本书就有了。如果你上北大图书馆查询，这书有广告了，可到底出没出不清楚，包括国家图书馆都做不到这一步。但是欧美的一些老牌的图书馆，还是坚持这个原则。它们的书真的是非常全，它没有的就复印一本。像谢稚柳一九四九年出的《敦煌石室记》，这个非常难找，我在国内没找着，但耶鲁大学有一本复印本。它只要没有，就非找到不可。所以我就一个一个分工，在哪个地方我就要快速地把这个地方我需要的资料补上。我这次去敦煌研究院也是这样，集中看他们收到的日文书和西文的艺术史的书。我就趁这机会赶紧把缺的几期补上。

海外读书的一些很愉快的回忆，跟大家分享一下，就是我用过莱顿大学的总图书馆和汉学院图书馆，伦敦大学亚非学院、耶鲁大学、香港中文大学的这些图书馆，还有龙谷大学的。龙谷大学是日本佛教大学里头最有钱的，所以几乎什么书都有，特别是佛教的书，更全。

我的书运挺好的

荣新江教授大英图书馆留影

这是我非常喜欢的西方的图书馆，我也道貌岸然地在那儿照了张相。这是大英图书馆，大英博物馆里面的那个小图书馆，就是马克思看书磨出了一个脚印的地方。我们年轻的时候都听过这个故事。一九七三年整个大英图书馆已经从大英博物馆里头迁出来，但现在羊皮书这些珍本书还留在那个小图书馆。大英图书馆东方部就在 Russell Square，伦敦大学的旁边儿。一九九一年，大英图书馆请我去编翟林奈（Lionel Giles）没有编完的那些敦煌卷子的目录，但是它的书都在书库里，不好翻，所以我还是每个周末去伦敦大学亚非学院图书馆，就在旁边儿。九一年我在的时候，东方部的租金到期了，它新盖的楼还没有建起来，就要被塞进原来的印度事务部图书馆（India Office Library）。在这个“搬家”的过程中，我也获得了一批书。Frances Wood 对我非常好，当时南斯拉夫那儿在打仗，一个大学一直不来接受这批书，现在“搬家”了要处理，让我随便挑。像《伯希和考察队考古资料丛刊》（*Mission Paul Pelliot: Documents Archéologiques*），五百法郎一本，我都白捡了，一分钱都不要。我的书运挺好的，虽然我不攒善本书，但是我有几次遇到了。

我在莱顿的时候，正好是咱们上海出去的马大任（John T. Ma）担任汉学院图书馆馆长。马大任先生是非常好的，他原来在康奈尔大学担任图书馆中文部负责人，后来被莱顿大学挖去经营莱顿大学的汉学院图书馆。这个人非常厉害，他走遍了全世界各种图书馆。比如，莱顿大学图书馆有一本伯希和编的《梵蒂冈图书馆所藏汉文写本和印本书籍简明目录》(*Inventaire Sommaire des Manuscrits et Imprimés Chinois de la Bibliothèque Vaticane*)复印本，就是马大任从梵蒂冈图书馆印来的，插在一个角落里。高田时雄所以会校订、补编这个梵蒂冈的目录，就是我告诉他的，因为我一本本书过过。九一年我跟李孝聪、高田时雄一起重访莱顿大学的图书馆，我说："这儿有一本书，你们俩肯定没有见过。"然后我就抽出来了，高田马上复印了一本。之后他到梵蒂冈去比对原书，就出了那本《梵蒂冈图书馆所藏汉籍目录》。当然他又做了一个补编，自己做了一个工作。

荷兰国非常小，它有个制度，汉字的东西全部寄到莱顿大学的汉学院图书馆收藏，别的大学和公立机构不能收。这就使得汉学院图书馆有大量的汉文书的副本。马大任先生就说："你随便拿。就是书呢最后我们作个价，杂志你就随便拿吧。"所以我手里有很多单本的《历史语言研究所集刊》《新亚学报》……这些当时随便拿，甚至有时候背不动，就做成了抽印本。书呢，选了一大堆，才作价五百荷兰盾，全部运回来了。所以我有很多早期的书，当然，后来也送给其他人了。

西方的读书环境，还是让我非常地怀念。我现在特别希望有三个月呀、半年呐，能够在一个图书集中的地方，我就一本书一本书地翻阅。翻，然后阅，既增加了自己的知识，又扩大了眼界。有时候埃及学的书架可能走得很快，但是也要过，过的时候就会知道有了一些新的选题。书架上某一类书的最后都是最新的书，你就看这一类最新的研究。哦，妇女史来了，环境史来了，知识增长史来了……这就是学术的脉络在这儿延伸。就在这最后几本书里头，你就可以看出学术在往哪个方向发展。比如说，我们在研究敦煌吐鲁番，那研究纸草文献的人、研究死海古卷的人他们在选择什么题目，以什么视角关注他们研究的对象。当然，我读书评也有这个功用，但是翻书也有这个功用。要说读书有点儿经验，这应该是一个经验。

■我们做学问，就是一代一代地站在前人的肩膀上往前一步

那么，傅老师说"你要说点儿心得"，有什么心得呢？其实个人都有个人的兴趣爱好、读书习惯。我列举的呢，也是老师教的，或者我自己总结起来的一点儿心得吧。

第一，应该读大家的书，尤其现在书多了。我们那个年代读的书呢，其实也不太多，能出版的基本都是大家。但是大家里头还是有分的，有的书就是读来有味道。虽然陈寅恪的书很难读，都是抄史料，看上去很枯燥，但它是有思想的。你会被它吸引着不断地读，你想要读懂它。有一些书，老实说，王仲荦的《魏晋南北朝史》《隋唐五代史》这种教科书式的书，我就看不下去。虽然增长知识是可以的，可它

太没有起伏了，一章、一节、一个小标题这样平铺直叙地往下讲，密密麻麻的，很难记。我就有点儿不太能够读得下去。像陈寅恪的很多书我都读过好几遍，很多文章我也读过好几遍，做了详细的笔记。我的一篇笔记大家可以在中西书局出版的《中西学术名篇精读：陈寅恪卷》里看到，蔡鸿生先生、孟宪实还有我，写了三篇陈寅恪文章的读书笔记。我做了详细笔记的是一篇非常短的《陈垣敦煌劫余录序》，陈寅恪给陈垣的《敦煌劫余录》写的序，我读得非常之仔细，他提的每一条资料我都核过，我就在这里头做了详细的说明。大家可以翻翻这本书，就可以知道我读书做笔记的一些方式吧。还有像周一良先生、张维华先生的作品，《中外文

《中西学术名篇精读：陈寅恪卷》
中西书局二〇一四年版

化交流史》《中国古代对外关系史》这些都是通史，或是按国别的，或是按主题的，都是我自己做中外关系史时读过的。

我觉得读了这种大家的书之后，你就站在一个巨人的肩膀上。其实，我们做学问，就是一代一代地站在前人的肩膀上往前一步。虽然中国对于学术史的清理不是太重视，我们每个人经常是从《新唐书》开始写隋唐史，但实际上你要做学问的话，你还是要在前一辈的最高点上往上走，是吧？那么这个最高点呢，中外关系史你就得读周一良编的书，读我说的三大家。现在当然要读刘迎胜、余太山。他们虽然跟我们差不多年纪，但是比我们早半辈儿吧，所以他们的很多书都是我们阅读的。那么魏晋南北朝史，当然是读周一良、唐长孺这些先生的作品。这些老先生，很多都不太写专著，周一良、唐长孺、季羡林他们就是写论文。像唐长孺，魏晋南北朝的各个重要课题他都涉及过。他的隋唐史研究也是一样，全部都有自己的思考和自己的见解。当你站在这样一些大学者的肩膀上，你再看其他人的文章就会看得很快。因为你知道这个问题基本上研究到了什么地步，有些文章就是炒冷饭的，有些就是重复的。同时你也容易辨别出，哦，这个年轻人在某些点上是有进步的，是吧？这也是老先生们跟我们讲的，要站在巨人的肩膀上前进。

第二，我觉得要读最经典的书。经典的书也有两类，一类是比较系统的。我生活的学术环境比较欧洲，北大的这些先生，季羡林、邓广铭、周一良他们不写通史。像邓广铭先生老说他没有一本《宋史》，但是，宋代的政治史他写过王安石，思想史他写过陈亮，军事史他写过岳飞，文学史他写过辛弃疾……所以他什么东西都做了，哪个地方都跳不出他的圈子。像周一良、唐长孺先生，他们基本不写通史类的书，他们就写论文。其实在欧洲也是，我所佩服的贝利（H. W. Bailey），他也没有专著，写的都是论文，他的三百多篇论文我都读过了，你得知道他每一篇里头是什么。过去伯希和就是这样，他不写书，但只要他发表过文章、书评，你再要说这个事儿的话，你不引他，他就“打”你——他就是警察，他就来管你了。这是我们受到的一个环境的影响，实际上这不好。

现在中国学界多走美国人路线，美国人注重写书，这其实是对的。到一定的时候把学术的著作集合着编一本，也是对的，比如《剑桥中国史》。其实《剑桥中国史》有时候是非常早的一些东西编辑写作而成的，但毕竟它在编写者的挑选上是非常严格的。当然放这本 *The Cambridge History of China Vol. 2: The Six Dynasties, 220-589* 不是我自己在夸自己。这本的编写者里头有两个中国学者，过去他们只约海外华人学者，但这次约了一个侯旭东、一个我。这是魏晋南北朝史卷，这本书出得很快。过去《剑桥中国史》出得太慢了，比如我们看到一本汉语的《剑桥中国隋唐史：589—

荣新江教授二〇一三年在俄罗斯书店找书时留影

906 年》(*The Cambridge History of China Vol. 3: Sui and T'ang China, 589-906,* Part Ⅰ),其实它的英文标题标注的是 Part Ⅰ,是政治史,Part Ⅱ还没出呢。Schaefer,就是薛爱华,已经去世这么多年了,他写的那一章还在那儿,还是作为一个章节。像麦大维(David L. McMullen)、威斯坦因(Stanley Weinstein)、巴瑞特(Timothy Hugh Barrett)等写儒、释、道的全单独出了书了,《剑桥中国隋唐史》的 Part Ⅱ还没有出。但是负责编撰我们这一卷的丁爱博(Albert E. Dien),他有一个学生是在美国一个军校教书的,催稿能力非常强,不断地发信催我们交稿,所以很快出了。这样,他就把比较近期的学术成果拢在一个非常系统的书里。我觉得对于年轻人来讲,抓住这样一本书,其实是非常有价值的,能奠定一个非常全面的基础。这样的书有《剑桥伊朗史》(*The*

Cambridge History of Iran），还有联合国教科文组织过去出的《中亚文明史》（*History of Civilizations of Central Asia*）。现在没有一种中亚史能够超过这个《中亚文明史》，虽然它已经出了很多年了，但是你要做中亚史的研究仍然还是要从阅读《中亚文明史》起步，它是最好的书。

当然还有一些有系统地来写某一个方面的书，比如姜伯勤先生九四年写的《敦煌吐鲁番文书与丝绸之路》，这是非常有远见的，那时候还没有一带一路啊，是吧？姜先生他就把敦煌吐鲁番文献里头跟丝绸之路有关的当时能找到的资料，分门别类地写了一遍。粟特、印度、波斯、拜占庭，这本小书里全有。书非常小，小三十二开，但是非常经典。我觉得现在做敦煌吐鲁番研究就要以此为基础，你要发现新的东西，那就写。当然，九四年以后的资料，还要清理。

基本上，一个行当里头的书，你要找一本经典的著作作为你的基础，然后再往上走。现在很多社会科学理论的书都被翻译出来了。中国的翻译真是非常伟大。我有一次跟一个法国人逛万圣书园，他看了一眼，他说法国书店里摆的社会科学的最新的书，大多数都在这儿有一本。所以我们中国学者动作非常快，《什么是城市史》《什么是性别史》《什么是医学史》这种书出得非常多，都是翻译的。找这样一本作为你的一个理论基础。同时，你要找里头有详细的注释的，像研究隋唐长安，那最好的就是妹尾达彦的。通过这些注释，你基本就知道这个行当研究到哪种地步了，谁都做了什么样的工作。这就是一种权威的意义。还有一些人做了选集。芮乐伟·韩森（Valerie Hansen）的作品，现在译出来一本《丝绸之路新史》（*The Silk Road: A New History*），很畅销。当然，我不太同意她的观点，所以我也没参加她的新书发布，但实际上这本书她跟我讨论过很多。她很聪明，过去不是研究这个的，最早研究宋史，后来研究吐鲁番文书，其实转到丝绸之路研究上不久。她非常会写，她的英文是非常好的，老挑她学生的英文错误。因为她受过十分严格的英语写作的训练，所以很讲究这些。她翻过我的《敦煌藏经洞的性质及其封闭原因》（"The Nature of the Dunhuang Library Cave and the Reasons of Its Sealing"）那篇文章，非常仔细。她在写这本新书的时候，其实按照她的每一章编了两卷本的《丝绸之路研究论文精选集》，就是 *The Silk Road: Key Papers*。这书个人都是买不起的，它就是各大图书馆收藏，基本上是把从贵霜到中古时期的有关丝绸之路的西文的文章，最精华的东西，做成了一个选集。你通过这样的一本选集基本上能够把握西文文献里头研究丝绸之路的主脉搏，就是学术层面的主脉搏。再加上她自己的这本书，你就对丝绸之路有更深入一步的阅读了。

第三呢，就是倒读。给学生上课的时候，我也建议做研究要倒读。当然，研究一些问题的时候，你还是要正读。比如你做一个博士论文，你要按照发表的顺序把学术史清理出来，那你要正读，看哪一年、谁发表的。注意不要看学者论文集的出版时间，而是要看每一篇文章原发表的年代。学者有两类，一类在编自己的论文集的时候会改，不断地改。我熟悉的老先生里头，饶宗颐先生就是不断地改。你要引他的文章的时候，既要找到他原来的文章，还要找到他现在的文章，有很多地方都是不一样的。他是活到老学到老，不断地往里加新的考古材料等。我在香港帮他编过好几本书，他的《法藏敦煌书苑精华》《敦煌曲续论》《敦煌吐鲁番本文选》都是我编的。编的时候他就不断地往里放，一星期来一趟香港中文大学就要加点儿东西。我说："不能加呀。"但是他就要加。这是一类。另外一类学者，编论文集的时候就是一个字都不加，就算加也要能看出是后加的。在我的印象里，裘锡圭和宿白是这样的。裘锡圭先生是用的方括弧，加在每一句话后面，对吧？就是说，我七六年已经取得这成绩了，你们好好看看，这后边儿是之后人们添的材料而已。宿先生是在后边儿加若干补记。你看他的《唐宋时期的雕版印刷》，补一、补二、补三、补四……补十条，但是这个正文不动。正文就是我七八年写的，你们七八年还在哪儿了，就是这个意思。所以，做学术史的排序的时候，要回到论文原发表的年代去看，当然，也把它收到论文集里头，作为一个文本的年代来叙述。

但是，你在一般地读书、增加自己的知识的时候，或者在培育自己的学养的时候，我建议是倒读，就是读最新的书。当然，读最新的书也要有选择，现在书非常多，特别是有好听的名字的书特别多，所以现在买书呢，更重要的是看人名，不是看书名。如果你要研究丝绸之路，那就找刘迎胜；你要研究明史，就找范金民、李伯重、赵世瑜，有这些名字的书准没错。你读了之后，他们已经评述过的书，或者在他们的脚注里已经提过的，你就得选择是看还是不看。你不要看了半天之后，发现没什么可看的，那就是废书，现在太多了。

德国的《华裔学志》，就是 *Monumenta Serica*，原来辅仁大学办的英文刊物，它其实还有一个 *Monumenta Serica Monograph Series*，就是“华裔学志丛书”。丛书的主编叫 Malek，很早之前就找过我，问我能不能帮他们编一本 Select Bibliography of Chinese Studies，就是“中文汉学研究选目”。他说：“在我们欧洲人看来，你们中国人发表的东西都是汉学呀，但是我们翻着字典，好不容易看完一篇，啥用都没有，最后干脆就不看了。”实际上现在很多欧美学者根本不看中国学者的论文，就是因为他分不清楚哪篇该看，哪篇不该看，最后就一视同仁，不看了算了。所以你必须发表英文的文章，把他们当成你自己的读者。这事儿日本人做得最聪明。日本人编了两本英文刊物，一本叫 *Acta Asiatica*，就是日本的东方学会的英文会刊，还有一本叫 *Memoirs of the Research Department of the Toyo Bunko*，《东洋文库欧文纪要》。他们就是在这两本杂志上把日本东方学最优秀的文章用最地道的英文发表出来，并且脚注里头详细列举日本人的研究著作。特别是 *Acta Asiatica*，现在采用专号形式，就比如中古时期的汉文小说这么一期，他可能请金文京来写，金文京就会把整个日本五年到十年的研究文章全部罗列出来，而且标注日语的原文、片假名的拉丁字母翻译，然后括弧英文的 translation，就是让你完全能够看懂又能找到那篇文章。你要只有英文的 translation，不一定找得到。既要让你找得到，又要让你明白他写了什么，所以这是日本最聪明的地方。中国没有这样的杂志，《中国社会科学》英文版达不到这种目的。当然，也因为西方觉得我们有些意识形态的

荣新江教授二〇一四年访东洋文库时留影

荣新江教授分享读书经验

东西，不重视我们。其实我们《中国社会科学》还是有挑选最好的文章翻译成英文来发表的，他们不了解。法国、英国这些汉学图书馆放了很多日本的西文杂志，所以我编《唐研究》就要指定，我要是送给你，你就必须放在大家都能看到的这个柜子面儿上，不能够搁在书库里。

第四，我觉得要按主题阅读。你要是做研究，到一定的时候就要按主题阅读，就是某一段时间只读一个主题。我在莱顿的时候对藏学很感兴趣，我就读匈牙利学者乌瑞（Uray Géza）和日本学者山口瑞凤的研究。因为有刚才我说的两本杂志，山口瑞凤重要的研究论文全部都有英文版。其实山口瑞凤写的日文文章，我根本看不懂。为什么呢？一个原因是特别啰嗦，什么都是“でしょ”“でしょ”，不给一个确定的论断。“大概是这样吧”，到底是这样还是不是这样，我真感觉不出来。还有一个原因，他把藏文全部用片假名标注，像“赤松德赞”，加上前加词、后加词、发音，拼出来的片假名你根本没法判断是哪个人，要不断地要翻后边的索引，但是杂志有时候没有索引。而且他先发日文，后发英文，英文本往往比日文本好。英文本是那些以英语为母语的人翻译的，他们都要问清楚，你这话什么意思，我要英文表达，不能都是感叹句、问句了。所以翻译得非常清楚。我有一段时间就看乌瑞和山口瑞凤他们俩怎么“打仗”，从文成公主入藏到《吐谷浑纪年》，到赤松德赞的年代学说，到《贤者喜宴》。每一个主题都是乌瑞先写一篇，然后山口瑞凤“打”他，接着乌瑞再反击，有时候山口瑞凤再反击……你在一段时间里头专看这个，你就可以对一个领域的学术史非常清楚，而且特别容易记忆。否则的话，你今天看这个，明天再看那个，缀不到一起。这就跟我们看《资治通鉴》的同时，要翻翻《通鉴纪事本末》一样。你要把一件事情在《通鉴》里头都勾勒出来很难，这一年的事儿跟下一年的哪件事儿是前后因果关系，不一定啊，是吧？你就勾不到一起。但是《通鉴纪事本末》把这个事情的本末都捋到一起了。不过，《通鉴纪事本末》不是一本史料书，我们不能引用。这是我在电脑里找到的余太山先生的《古代地中海和中国关系史研究》《两汉魏晋南北朝与西域关系史研究》《早期丝绸之路文献研究》，你要研究丝绸之路这一主题就要读。余太山先生真的很了不起，在我们讲一带一路之前，他其实已经把早期的丝绸之路研究做了一遍，至少是隋以前的。

我还有一个读书习惯，就是我要买各种版本的书。韩森的《丝绸之路新史》也是一个例子。你看，这是韩森的英文原本，就是左上角那一本。右面是张湛翻译的大陆的简体中文本，左下的是台湾翻译的繁体中文本。最右边的是日文本，叫《丝绸之路文化史》，我也买了一本。其实像《撒马尔罕的金桃：唐代舶来品研究》（*The Golden Peaches of Samarkand: A Study of T'ang Exotics*）、《中国伊朗编》（*Sino-Iranica*），我都有日文本。日本学术界的体系是非常完善的，每一个研究领域它都要发言。经典的书，哪怕是很老的书，

荣新江教授分享读书经验

它都要翻过来，而且很多都加了注。除了注释，很多书前面的导论也是很有用的。毕竟日本有些时候用汉字，日本翻译的书可能用了比较确切的汉字，对于我们看英文的时候判断某个汉字是不是用得准确，也是一个参考。所以要穷尽，就都得准备在手头。还有一本 *Life along the Silk Road*，就是魏泓（Susan Whitfield）的，我大概有六种版本。这也是阅读的时候必须要做的一点。

还有呢，我建议集中读一个人。在一段时间里，你找一个大家，把他的文章全部读了，你对这个学科就会非常清楚。比如我提到的贝利，就是研究于阗语的剑桥大学的教授。他原来是做梵语的，一九三八年开始转攻中国出的于阗语。其实，他没有来过中国的和阗，但是他这一辈子把所有的于阗语文书，他能找到的，全部做了转写。本来他第二步是要做全部的翻译的，然后编一本语法、编一本字典。字典编了一本，编的其实是语言学字典，语法他没有编成。转写，已经全部转写了；翻译，只做了少量的翻译，没有全部完成。他是九十多岁去世的。

一九八五年我去找贝利的时候，他其实已经不做于阗语了，因为他眼睛看不清楚。他那时候做一个大字的写本，亚美尼亚语的写本。我是海边出身的，非常有闯劲，我自己就直接找上了门。当时我的导师许理和也不认识贝利，他就打电话告诉 Michael Loewe，就是鲁惟一，他们是朋友。然后鲁惟一就约了 Bailey 跟我在一个食堂见面。英国是等级制度，老师都坐在台子上，学生都坐在台下面。我坐在客人来的时候坐的位置，左边、右边分别是鲁惟一、贝利。贝利是爵士，因为他对于阗语研究的贡献，英国女王在七十年代给了他一个 Sir，所以他一进屋，所有的教员都站起来。能跟他一起吃顿饭，我也感到非常光荣。后来，我就跟着贝利回家了，在他家待了半天，鲁惟一就不管我了。那天，我拿了一份抽印本。我运气很好，第一篇学术论文是跟着我导师写的，我导师去法国的时候就被翻译成了法语。我当时有一摞这个抽印本。我在欧洲"打天下"全靠这一份抽印本。我近到人面前，给人一份抽印本，他们就知道我是干什么的了。一般情况下，我去人家之前都是先写了信的，像去拜访 Emmerick。去拜访贝利就没写信，因为是鲁惟一给我介绍的。当时我从贝利家出来的时候，贝利把能送我的书全部送我了。我拎了两袋子，成本的书包括他在伊朗出的两本论文集，设拉子出的 selected papers，伊朗革命之后就再没出过，是非常难找的。他家里有四个大的筐箩，上边儿搁着他七十多种抽印本，他说："你随便拿。"我一份就抽了一本。回到北大借给季先生看的时候，季先生说："怎么不拿两份？"但当时我根本就拎不动了。所以，我这收货的运气有时候非常好。

我有时候会介绍西文杂志，其实我手里没有那么多西文

荣新江教授拜访贝利教授时留影

杂志，就拍的 Bailey 给我的抽印本，那几乎涵盖了所有的东方学的杂志。他是英国多少年的皇家亚洲学会的会长，你看英国皇家亚洲学会会刊，第一个名字是女王，第二个名字就是 Bailey，那是在欧洲地位非常高的人。我们这些年轻毛头小伙子能“闯”进去的，还是非常不错的。那个时候我在他家待了三四个小时，是可以跟他对话的。其实我的英语不怎么样，但那时候是最好的，能够和他对话，现在已经越来越倒退了。还有一个原因，就是我读了他几乎所有的我在莱顿能找到的文章。他所有的书和文章我几乎都读了。这样，基本上他一开口，我就知道他要说什么，能够反应过来。我们基本上谈的都是中亚胡语的这些东西。他当时就说“非常希望你们中国人来做”，因为他只能用高本汉的字典来看中文的对音，他完全不能读中文。他说："我老了，我给你帮助不了什么，你就到汉堡去找我的学生 Emmerick。" Emmerick 就是段晴老师的导师。我后来回到莱顿之后，买了一张票就去汉堡了，去找 Emmerick。Emmerick 先捂着嘴考了我几句，我听懂了之后，他就从里屋把他所有的书和抽印本搬出来，又给了我一大堆。这些人真是非常好，我运气也蛮好。

另外像孔泽（Edward Conze），他是专门做般若学说的，但他写过佛教研究史这样的著作。你把孔泽的文章和书整个读完，对于研究中亚的或者研究佛教史的著作会有一个非常清晰的把握。

■ 我们为什么要有实体书店，它是可以看到整个层面的

我也没有太多的经验，就是杂谈似的把我自己读书的经历讲了讲，比较遥远。我想，跟现在拿着电脑读书的年轻人相比，我的知识面要小很多，虽然我当时翻的面儿在敦煌学的领域里还是很广的。现在年轻人上了豆瓣，左穿右穿的话，你可以接受很多知识。但是有个问题，我觉得现在检索功能很强，可这个检索功能也影响了我们的阅读，阅读还是要有一个上下文的。还有一个眼界的问题，虽然在电脑的阅读中你也有很多跳到各种行当的可能性，但是你逛书店或者逛图书馆，它是一个区域内一类书都在这儿，特别是好的图

书馆，基本上什么书都不落。比如，欧洲的图书馆都是小分类，汉学的书都放在汉学院，印度的书都放在印度学院，土耳其书、突厥的书都在土耳其学院，你到哪个学院，基本上这一类的图书都能找到。总图书馆就都是比较总类的书和他们西方的书。耶鲁大学则是大分类。比如政治学，各种文字和各个国家的政治史都搁在政治史类里边儿，你要看中文的书或西文的书、中国政治史或英国政治史，都在里边儿。当然，它有区分，但都在这大排行。过去，我的老师让我背刘国钧的分类法、裘开明的分类法，记 A 指什么、B 指什么、C 指什么……我知道 A、B、C、D 都是什么类的书，走大分类的书架当然会是有目标的。比如到了 B 类、F 类，我可能走快一点儿；到了 H 语言、I 文学，特别是 K 历史、地理，我知道大概多长距离是这类的，我就这样一本本翻。这样翻是构建一个整体的印象。在这些方面，我觉得可能还是比电脑阅读要好。这也就是我们为什么要有实体书店，我们喜欢这样的实体书店，它是可以看到整个层面的。其实你买书，不只是买你看中的那本。像在京东买书，你看哪本有名就买。你买书的时候可能也会蹦出来一些它推荐的书，但是不专业呀，是吧？我每年都到北京博文书社或者北京考古书店去买书。年底突击花钱的时候，我就跑书店。我就拿着它的梯子，从上到下码一遍。缺的书，全买；只要自己要攒的书，全买。我前不久也去博文书社花了一万多，我手上的钱就全部都交给它。所以我觉得各有优劣。可能在阅读量、掌握图书的功能性等方面，电脑的优点是更大的。虽然我们觉得抄卡片可以记忆得更好，但是现在年轻人不是这样记忆的。我原来认为你们没抄下来怎么能记得，可我后来招了一个学生，他非要把这个东西导到电脑里才能记住，在纸上他记不住。这我无法想象，但是我理解他。我还有一个学生是电脑高手，他在考我的研究生的时候，进入到史语所的数据库，把要看的书全部下下来，然后就在电脑上折腾这些分类什么的。他非常厉害，就是专门用电脑，我让他看这纸本，他也要扫描到电脑才能记住。所以现在年轻人跟我们那时候读书的感受不一样。

傅老师说推荐一些书，但是我没有思想准备，我做的PPT上面也没有多少。我觉得现在呢，“大家小书”很流行，各种类型的都很值得大家看。这是我电脑里可以找到的书。一套是“光启文库”，就是上海编的吧？在商务印书馆出的，但是叫“光启”。

傅杰：

商务印书馆上海分馆。

荣新江：

啊，上海分馆。这在我手边儿就是因为我们老系主任马克垚老师非常好，他出书都给我们年轻人发一本。我们历史系有非常好的优良传统，就是什么招呼都不打，自己出了书就往各自熟悉的相关领域的人的信箱里头扔一本。拿了之后也不感谢，拿了就白拿了。还有陈尚君老师前一阵子给我的书。他很能写，高深的也写，《行走大唐》《我见青山》这些轻松一点儿的也写，非常好。我觉得现在的读者，特别是一些年轻的读者入门，找一些大家的“小书”来阅读是非常好的。最近我也参与了朱玉麒和孟彦弘在凤凰出版社编的“凤凰枝文丛”，这是我熟悉的几个人的书，孟宪实的《老营房手记》、朱玉麒的《云鹿居漫笔》和史睿的《春明卜邻集》。这里有很多文章可能之前在报刊上看过，但是这么系统地把它们编一起，重新阅读一遍，非常有收获。他们的读书经历、他们跟老先生学习的经历、他们自己读书的一些感受，通过书评或其他的一些形式呈现出来。这套书卖得也很好，我有一本小书《三升斋随笔》在里头。我就举这么几个例子。

最后给自己做一个广告，我最近也出了一本“小书”。之前我把我的序跋编成了一本《学理与学谊——荣新江序跋集》，然后承蒙徐俊老师支持，他又帮我出版了一本已故老先生们的追忆集，就是《从学与追念——荣新江师友杂记》。这里头也有讲一些老先生们读书、爱书的掌故。

我就是和大家杂谈，真是随便讲讲我的读书的一些经历，谢谢。

傅杰：

首先感谢志达书店，约我来主持这样的一个活动，所以先给志达书店点个赞。其次是给我自己点个赞，定了一个这样的主题。我认识荣老师大概三十多年了。十年前我还有机缘跟他一起受香港城市大学中国文化中心主任郑培凯教授的邀请，在那里客座一个学期，跟他两个人用一个工作室。几十天跟他每天在一起至少吃两顿饭，听他无所不谈。但没有听到过他这样系统地讲他读书的经历和经验，尽管他在莱顿求学的文章网上都有连载。像今天这样有点、有面、有很多具体事例地讲这样一个主题，我怀疑北京大学他的学生都不一定有这样的机会，所以我是特别高兴的。

荣新江、郑培凯、傅杰教授二〇〇九年香港留影（左起依次为荣新江、郑培凯、傅杰）

从他只有一个半小时的演讲当中，我们可以领略到大学者的风采。他是当今成就最卓著的敦煌学家。这是在他当中国敦煌吐鲁番学会会长之前，业内大家公认的。

大概三十多年前了，可能是八十年代，我去他家，真震惊了，就像他刚才说的，一屋子的唐史、敦煌吐鲁番学的书，世界各地的都有，满满的。这是第一个震惊。我在杭州大学古籍研究所读书的时候，姜亮夫、蒋礼鸿、郭在贻等先生都是敦煌学家，但是真没有看到过那么多的外面的敦煌学的书。第二个震惊的是，不知道他还有没有印象，他拿了一本刘铭恕先生编的《敦煌遗书总目索引》给我看，敦煌很多卷子被斯坦因拿走了，被伯希和拿走了，刘铭恕先生编了一个初步的总目。这书错误很多，但是那个时候就这么一个总目。他那本一翻开记得密密麻麻的，就是哪一个卷子有什么人研究过、发表在什么地方，在那个卷子下面他全有记号。大家都可以听出来，他对所研究的领域，那真叫如数家珍，都在他的脑子里。

荣老师今天在上海做这个讲座，他好几本书也是在上海出的，最早跟张广达先生的《于阗史丛考》是在上海书店出版社出的，后来有复旦大学出版社的《中国中古史研究十论》，还有上海古籍出版社的《归义军史研究——唐宋时代敦煌历史考索》《辨伪与存真——敦煌学论集》，等等。如果是历史系的学生，或者是文史的学生，可能会读这些，但如果是别的专业的话，不一定读，也不容易读懂。但有一本，不管你是文史哲领域什么专业，我都特别愿意推荐的，就是他十年前在北大出版社出的《学术训练与学术规范——中国古代史研究入门》。研究入门的书也很多，现在市面上有的是自己也没有做过什么研究的人写的。但那本是真正有心得的，从读书到怎么样做书评，我以前在复旦不止一次跟学生推荐过。现在我转到浙大新成立的马一浮书院，今年在浙大招的博士生只有一个，她应该也正在看线上转播。她开学就问我要个书单，我说：“第一年你不要看太多的书，要看重点的书。”我列的书目里就有这本《学术训练与学术规范》。

今天因为是在复旦周边的书店做讲座，我们还有一个福利。后面这位还依然小伙子长相的是复旦历史系的余欣教授。他已经在复旦当了九年教授了。他是荣新江老师的博士生，我今天特地请他来讲讲他读书的时候荣老师是怎么折磨他的，因为这也是读书的一部分。

《学术训练与学术规范——中国古代史研究入门》
北京大学出版社二〇一一年版

余欣教授回忆学生时代荣教授的教导

余欣：

傅老师说让我讲讲我在读书的时候荣老师是怎么折磨我的，其实没有折磨，我始终感到非常的幸福。

傅老师刚才推荐的就是荣老师的《学术训练与学术规范》，我大概是最早上荣老师这门不是正式课的课程的学生。其实这本书没有出版之前，每到周末，荣老师就有一个"周末杂谈"，都是荣老师自己的一些学生，然后荣老师海阔天空地讲他读书的经历和他最新的心得，还有一些新的发现。其中也有一项训练，荣老师有时候会发几页讲义，比如说发考古类的杂志，了解哪些是应该经常要翻阅的。我前两天翻我二十年前的一些北大的读书笔记，还有翻到讲义上的这一些记录。

荣老师刚才讲到，在现在这样一个信息过度发达的社会，其实读书是非常重要的。我们现在做学问很多靠检索。我最近十几年还一直秉持荣老师的教诲。荣老师当时就讲过，像《文物》、《法国远东学院学报》（*Bulletin de l'École française d'Extrême-Orient*）、《亚洲研究》（*The Journal of Asian Studies*）这样一些杂志，你应该从最早的一期，比如一八六七年的第一期，一直看到最新的一期，不一定要用什么关键词检索，你就一本一本翻下来，一本一本翻下来，那样整个的学术史的脉络就建立起来了。后来荣老师送我去跟饶宗颐先生写归义军史编年，我有幸在香港中文大学待了一个学期。也是刚好那一段时期新亚书院图书馆整修，我只好跑到荣老师刚才讲的崇基学院。崇基学院以宗教研究为主，它的图书馆里宗教类的书、宗教类的杂志都有。我就在这个图书馆里像荣老师刚才讲的，一个书架一个书架过，从第一本到最后一本，知道哪里有最重要的一些文章，大概在什么位置，大致讲了一些什么内容。我就是在这样一个阅览室里面，慢慢地产生了博士论文的想法。所以，我刚才听荣老师讲，真的觉得非常的亲切。我以前也跟荣老师去过很多书店。荣老师当时对我们还有一个训练就是逛书店。荣老师说："不会买书就不会做学问。"你进到一个书店，看到书架上那么多书，哪本书是最值得买的？如果在三分钟内就能够有这个学术判断，那说明你对整个学术史是非常了解的，你就有做学问的资格。

荣老师提到的莱顿大学的汉学院的图书馆，真的是非常好的地方。我也曾经追寻荣老师的足迹，去荣老师读过书或者搜寻过敦煌吐鲁番文献的这些地方，跟着他到处去找这些书来看。就是在这个过程中，我越来越能感受到荣老师讲的这些经验。刚才听荣老师讲，我非常感动，我最敬佩的就是到现在荣老师到国外一个好的图书馆，他以前杂志看到哪一期，他还接着那一期再往下看。我听了以后觉得很惭愧。我后来出国也比较多，我都没有能够做到像荣老师这样不断地接上国际研究的最前沿。我自己当然也有很多的机会有幸跟随荣老师。比如荣老师到日本访问，我刚好也在关西大学或者京都大学，就跟着荣老师，帮他一起复印文章。对学问的这样的投入，还有对前沿的不断的追踪，我从荣老师那里真的学到太多了。

今天听荣老师讲的，有些以前听荣老师讲过，有些我也是第一次听到，所以我来了也觉得非常有收获，也很感动。

傅杰：

余欣教授是得荣老师真传的。他有《神道人心——唐宋之际敦煌民生宗教社会史研究》《中古异相——写本时代的学术、信仰与社会》《敦煌的博物学世界》等著作多种，内容既广博又精深，同行都不能不关注他的著作。

今天在座的也有不少是复旦的学生，研究生毕业的，本科生毕业的，也有我毕业了的研究生。大家还有什么想问问荣老师的？

听众一：

荣老师，您好，我们是从苏州大学赶过来的学习艺术的研究生，想问一个既大又比较简单的问题。敦煌学是一个非常广阔的学术领域，我们想以文书书写形态为切口，或者从书法的角度来研究，不知道老师能不能给些指导？

荣新江：

因为五十年代的院系调整，中国学科体系中的一个艺术史的学科没有了，是吧？所以基本上是做艺术的做艺术，做历史的做历史。现在艺术学科里头，像你们做古代艺术的，其实是往艺术史的方向在走，所以还是应该借助西方的艺术史的研究，把艺术作为一个被观察的对象，研究内容应该再扩大一些，包括它的书写、它的供养人、它的销售渠道。这个跟我们历史就非常有关系，你就需要知道这件东西的产生有制度层面的、个人层面的、商业层面的……所以，我也不好给具体的建议。但至少敦煌吐鲁番是一个中古时期的、各类写本状态的书法非常集中的、十分难得的材料库。在这个方面如果加入其他的视角，一定能够做得比以前单独看书法，或者单独从风格这些艺术的角度看要更广。

傅杰：

非常谢谢你们，专门从苏州赶来听我们的讲座。你讲到的这个问题，荣老师去年刚发表了《怀仁〈集王羲之书圣教序〉碑的建立与迁移》，可能跟你的专业有关系，你可以看一下。

听众二：

荣老师好，看到您放在PPT最后的这张图，想问问您这张图是马可·波罗那个时代的地图吗？能给我们再介绍一下吗？

荣新江：

这就是马可·波罗早期版本里头一个商队图吧，现在也算是比较早的一个商队图。

听众二：

老师把这张图放在这里有什么特别的用意吗？

荣新江教授回答现场听众提问

荣新江：

这个没有什么特别的用意，就是看着很好。其实西方古代的这些绘本跟中国的绘本的对比，或者书籍形式的对比，现在也是我们学术界研究的一个热点。我自己最近这些年有一个读书班，也很长时间了，就在做《马可·波罗行纪》的翻译。实际上我们现在用的本子还是冯承钧在上个世纪二三十年代翻译的，这跟日本就没法比。《马可·波罗行纪》一百多个抄本，有 F 本、Z 本、R 本三个抄本系统，日本全部有翻译。在中国，冯承钧原来翻译的是沙海昂本，我们学术界通用的伯希和与穆尔（A. C. Moule）的英译本，叫百衲本，都没有译过，我们正在做这个工作。

傅杰：

我在讲座一开始就说了，我比荣老师小一岁，我们这一代没有你们在座的青年朋友那么幸福，我们很辛苦，但是也有你们经历不到的幸福。那个时候也没有电脑，我们最早读书的时候连复印机都没有，读书就是靠跑书店。那个时候也没有什么网上书店，书店就是一家一家跑。荣老师刚才轻描淡写地拿一张图，你们知道北京有多大，从北大跑到那个地方，这一天跑下来真的是靠年轻。九十年代我来上海读博士已经过三十岁了，也是差不多每个星期跟现在早已是著名学者的陈引驰教授、现在在上海戏剧学院当副院长的杨扬教授，骑着自行车从华师大先到福州路，再到南京东路，有的时候再从南京东路折到淮海路。淮海路现在没什么书店了，但是那个时候还是有书店的。在淮海路这么繁华的街上，找一个地方停了车，三个人穿得像民工一样，杨扬教授说是“三个过街老鼠”，在淮海路那么靓丽的人群当中，各自拎着一包书从那里走过来。荣老师是吃锅贴，我们那个时候在福州路就是吃个嘉兴粽子，那个时候路边有个嘉兴粽子店。但是，真的是幸福。因为书店里你一本书一本书翻过来，突然翻到一本想要的书，那种幸福感……现在得书太容易了。张世英先生在回忆录里面说过，他的老师就跟他说，要到书店里经常去看看，不一定要买书，书店里你可以了解很多信息。他有一个比喻叫“认识门牌号码”，就是你翻过这个书有印象了，你光是看那个网上的购书目录是不容易有这样的印象的。一本书拿来翻两页可能就有一个印象，后面想到要用的时候可能就会想起来。当然天才是有异禀的，就像荣老师刚才说的那个学生，只能放到电脑里面才能记住。但是大多数人，我相信有了电脑之后他的记忆力一定是退化的，就是跟这样用过功夫、抄过目录，甚至抄过原书的相比。日本刚刚有复印机的时候，日本的一个老教授说：这以后学者就完了。他说，我们当时读汉学家的书是一本一本抄的，甚至《史记》《汉书》都能背，都在脑子里，现在一复印就觉得是自己的了。现在我们电脑里一存，就好像是自己的了。这个当然不是要拒绝新技术新手段，新技术新手段给我们提供了太多的方便，怎么样在这个过程当中像荣老师、余老师那样地下功夫，才是我们应该留心的。

何况逛实体书店现在已经越来越难得，我们是“遗老”，你们是“遗少”。这种实体书店越来越少的趋势是不可改变的，我们这些“遗老”的任务，就是怎么样在你们这些青年人当中多培养一些“遗少”。大趋势阻挡不了，多培养几个像邹斌、罗红这样的“遗少”，“害”一个是一个。这个我相信我们还是有能力的，而志达书店正好给我们提供了这样的平台。今天只是第一讲，欢迎大家继续关注。

荣新江教授、傅杰教授为现场听众签名

第二讲　徐　俊

要有机会去打一口深井

徐　俊

中华书局执行董事、党委书记，编审，兼任中国出版协会古籍整理出版工作委员会主任、中国唐代文学学会副会长。

著有《敦煌诗集残卷辑考》《鸣沙习学集——敦煌吐鲁番文学文献丛考》等。

傅杰：

今天请来的是中华书局执行董事徐俊先生。我们今天在座的朋友有福了，这是二〇一九年很多朋友远距离看国庆观礼彩车上的人物。国庆观礼的时候有一个文教的彩车，徐总就在上面。徐总是从南京大学中文系毕业之后，直接进中华书局工作。他从编辑干起，干到文学编辑室的副主任、主任，然后当过副总编辑、总编辑、总经理，一直做到现在党政一体的党委书记和执行董事。

我们请他来，不仅因为他是中国古籍出版重镇的“老大”，更因为他还是杰出的学者。他研究唐代文学，尤其是研究敦煌出土文献里的唐代诗歌。他有两本著作，一本是他的名著《敦煌诗集残卷辑考》，敦煌我们都知道是一个重要的发现，里边的诗歌很多传世文献都没有收录，有一些残卷非常不好整理，字很难认，以前杭州大学我的一位老师蒋礼鸿先生就写过一本名著《敦煌变文字义通释》来解决这个问题。敦煌诗歌残卷不断有人整理，到徐总这里是集大成，《敦煌诗集残卷辑考》是所有研究唐诗、研究中国文学史的人都不能绕开的。后来他又把与之相关，以及其他关于唐代敦煌的文章，出了上下两册论文集《鸣沙习学集——敦煌吐鲁番文学文献丛考》。

徐俊老师还是中国唐代文学学会的副会长。唐代文学学会的会长，是我们复旦大学中文系的陈尚君老师，陈尚君老师的名著《全唐诗补编》《全唐文补编》，都是由徐俊老师做编辑的，给他提了很多意见。

陈老师给《敦煌诗集残卷辑考》写过书评，也给《鸣沙习学集》写了序，里面说：本书所收论文和各类专题文章近四十篇，以敦煌诗歌专题研究为主，“引证之丰沛，考辨之绵密，分析之仔细，发明之新警，读者当不难体会”。在复旦听过陈尚君老师课或者看过陈尚君老师文章的，都知道他不会随便做这么高的评价，因为他要负责任的。所以他的说法也是学术界公认的。今天陈尚君老师也来到了现场，欢迎陈老师。参加我们今天活动的还有我们中文系的名教授陈引驰老师。

接下来我们就把时间交给徐俊老师。

徐俊：

傅杰老师我认识很多年了。上周我刚刚转发完荣新江老师讲座的信息，傅老师就加了我的微信，我觉得奇怪，怎么知道我转发的？正在那里看，傅老师说是抓你下一周来讲。我要说，傅老师设计的这个讲座系列，到第二期就要让我“把楼给盖歪”了。

“我的读书经验”，想到这个题目的时候，我想别说让我讲读书经验，让我讲编书经验，我也不敢讲。现在我们书局

徐俊先生分享读书、编书的经验

的年轻编辑——今天我们上海公司的同事也来了好几位——他们一年编的书，比我编辑生涯编书的总数还多。我没编过几本书，我最重要的编辑成果就是《全唐诗补编》《全唐文补编》。

我说“楼肯定要盖歪”了，谈编书我现在都很难谈，然后我开玩笑说那我就谈卖书吧。今年疫情之后，我们都走到营销一线去卖书，做直播，中华书局半年多做了六十场直播，我起码有十场以上，一场就是两小时。人多的时候，有一次是我跟康震老师做的，有四十六万人看。这是我可以谈的卖书经历。星期一我跟着我们集团到深圳调研，在深圳看那些真正的世界一流企业，去了腾讯、华为、雅昌、平安保险——平安其实现在做金融和科技。在这两天交流当中，就有集团的同事跟我说起要去上海悦悦图书做讲座的事，要我介绍下悦悦图书的情况。结果更惨，志达我都没来过，特别抱歉。这就是说，我卖书也没有经验，要在悦悦图书面前谈卖书，跟关公面前要大刀一样。卖书、编书都没有特别可讲的，更别说要讲读书经验，所以我特别要向傅老师抱歉，你第二次活动，盖第二层楼“就歪了”。非常抱歉。

我是江苏扬中人，一九七九年入学南京大学中文系。和那个时候很多人一样，我在乡村里生活，一直到考大学之前，根本不知道外面有什么大学。填志愿的时候，志愿就抄在教室的黑板上，两个教室的黑板就把所有的志愿抄完了，就在这里边选吧。那个时候我的老师考上过的最好的学校，就是南京师范学院，一般的呢就是镇江师专、扬州师范。不知道怎么赶巧了，我考上了南京大学中文系。

在南大读了四年书，然后就直接到北京去了。那时候大家都奔向北京，我们一个班三十九个人，差不多有十七个人到了北京。但是绝大部分人都去了媒体和机关，去出版社的很少。这就要说到存在已经六十多年的古籍小组了。这个机构的大名，叫国务院古籍整理出版规划小组，当时各省也都有古籍小组，上海的古籍小组，王元化先生是组长，我们后来做“二十四史”修订，因为上海承担过“五史”的点校，就到上海来调研，请教各位老先生，我还去衡山路拜访过王元化先生。

到北京工作，进了中华书局，第一个工作部门就是古籍小组办公室，中华书局一直是古籍小组的办事机构。我就算是进入编辑这个行业。从一九八三年算起等到我退休，基本上就是四十年的编辑生涯。中间有不到三年的时间，我在中国社会科学院文学研究所古代文学研究室做副研究员，在那里我的领导是蒋寅老师，我的同事最有名的是扬之水。

三十多年的编辑生涯，基本上前半段就是从助理编辑、编辑，做到编辑室主任，一直从事具体的编辑工作。近十几年的话，二〇〇三年，“非典”那一年，我从中国社会科学院回到中华书局，就进入领导班子做副总编辑、总编辑，然后是总经理，一直到现在就做党委书记、执行董事。刚才傅老师介绍时，我就乐了。中华书局一百零八年历史上，

徐俊先生二十世纪八十年代入职中华书局之初工作留影

一九五四年以前在上海，一九五四年迁京，经过公私合营，然后变成国营。但无论是一百零八年的历史，还是一九五四年公私合营以后的历史，大概我是唯一一个做过总编辑，做过总经理，做过党委书记，还做过执行董事的人。

实际上我们编辑出版工作，现在算大的传媒行当，现在这个传媒条件下，大家对我们出版工作也都知道得很多，都已经企业化，就是每年完成销售规模的增长、营收的增长、利润率增长，这是大的环境。我们中华书局所在的中国出版集团公司，是当年出版署管的“国家队”组成的一个集团，商务、中华、三联、人文、人美、人音、大百科等等出版社。三年前集团在上交所上市，所以我才叫执行董事。如果我们不上市，就跟世纪集团下面的这些出版社一样，也会叫社长、总经理这些头衔，中华书局从一九一二年在上海成立时候就叫总经理。

所以能看出来，我在职场上的三十多年，连上上大学的四年，到现在差不多四十年的时间，一九七九年到现在四十一年时间，读书的机会特别少，编辑工作是在职业生涯前半段的二三十年。那时候出书特别难，中华书局作者交来稿子，要排队进入年度计划，编辑看完后要排队批格式，批完格式下厂排，排完了校，没有三年五年出不来一部书。

陈老师的《全唐诗补编》，从一九八六年我开始任责任编辑到一九九二年出版，前后就有六年时间。现在出一本书不用六个月，那时候六年才出一本书。所以我编书的时间也非常非常有限。今天要讲的内容，我想来想去，就是谈谈我过去工作、生活当中经历过的与书有关的事儿吧。也希望大家有更多的机会了解我们中华书局。

我想先跟大家交流的，是八十年代中华书局是什么样的。可能很多年轻的读者不是很了解。在我拿到分配单第一次去北京之前，我也一直在想，中华书局是个什么样呢？

我们上大学的时候都用过《古代汉语》《语言学概论》，大致看过《论语》《孟子》，要是根据现在中华书局的出版面貌你能想到的情况，肯定和八十年代的中华书局完全不同。

现在我们大量出传统文化普及读物，有些也挺受欢迎，不像以前那样只出繁体竖排带专名线的书。而且那个时候如果另外一家出版社，比如说上海古籍出了某一个作家的整理本，我们就要自觉地避开，不会再出第二本，不能撞车，要珍惜出版资源。

我记得还特清楚，毕业前，学校的老师、辅导员通知我说，你分到中华书局了。我立即就从南大的北园跑到南园的宿舍里，拿王力的《古代汉语》出来看版权页：王府井大街三十六号。就是在那时候才知道，原来中华书局在王府井大街三十六号。一九八三年的八月八号，这个日子真是好记，我从上海坐十四次绿皮火车——那时已经算快车了——到了北京，又在北京站坐一零四到王府井，拎着一个小包报到去了。

那时候的中华书局，简单概括来说，是专业化和学术性体现最集中的一个时段。在中华书局一百零八年的历史上，一九五四年以前它是一个综合性出版社，在上海澳门路。一九五四年进京以后，经过了四年时间调整，中华就跟财政经济出版社合并了，这个主体是财政经济出版社，副牌是中华书局；商务印书馆当时也迁到北京，跟高教社合并了，主体就是高教社，副牌是商务。一直到一九五七年，国家再次调整出版分工，才把商务、中华独立出来。恢复它们的独立建制，是一九五八年一月份的事情，二月份就开了古籍小组的成立大会。

中华书局形成现在的格局，追溯一下渊源，最起主体作用、影响最大的事件就是一九五八年独立出来，从那时候起中华书局才成为专注传统文化、尤其是古籍整理的专业社。我们现在很多读者看到中华书局的老书，好多都是五八年以后，六十年代的。尤其是一九六三年到一九六六年，大量的书在那个时候整理出来。所以说，形成中华书局现在品格的第一个阶段，是六十年代，“文革”前这几年。

第二个阶段，就是从一九八二年，第二届古籍小组成立开始——当时李一氓当组长。第一届古籍小组的时候，齐燕铭先生是组长。

八十年代，中华书局在恢复古籍整理、学术出版上，从领导到编辑员工，为中华书局后来五十年的发展奠定了一个非常非常重要的基础。我们文史哲各学科的最最基本的丛书，都是八十年代列的，包括《中国古典文学基本丛书》《新编诸子集成》。我们在局里面也经常说，别看书局现在的规模比八十年代、九十年代大很多很多，但实际上我们每天做的工作，没有离开八十年代前辈们这个手掌心，所有的工作都是在那上面做加法，真正新开辟出来的图书选题板块或是产品线几乎没有。我们这十年无非就是做了一个传统文化大众普及的工作，在市场上有了更大的占比。但它还是得益于我们的核心品牌，就是因为你有这么多古籍整理书，你有这么多学术书，人家才相信你，才来看你的通俗书、普及书。

我进中华书局的时候，当时外面流行的说法，是“在北大读书，在中华出书”，这是当时很多学者中流行的话。而且当时的中华书局，也是北大古典文献专业的老毕业生为主。每一个编辑进局以后，进了编辑室，都会给你定一个方向，一旦定了这个方向，很多人基本上都是在这个方向上做一生。像我们文学编辑室当时的主管领导程毅中先生，他就是一直做文言小说，一直到现在他也以做小说为主。比如刚去了商务印书馆当一把手的顾总顾青，上海人，进我们文学编辑室的时候，就安排他做程毅中先生的助手，编辑方向也是小说，加戏曲，一直做到离开文学编辑室，都是主攻小

一九九一年秋，徐俊先生与中华书局同事北京房山十渡留影（左起依次为刘石、许逸民、傅璇琮、徐俊、顾青）

说、戏曲。

进文学编辑室，开头的时候，我们这些本科生就是万金油，室里让你干嘛，你就开始学什么，当学徒。先让我做近代，所以《中国文学家大辞典》的近代卷是我做责编的。开始只有清代卷，后来加了近代卷。当时清代卷是钱仲联先生主编，我们决定要加一卷近代卷，那就要从清代拿出一部分来。领导就说派你去苏州，你去向钱先生汇报，说我们为什么要把近代拿出来单列一卷，您清代卷后面那一段要让出来。为这件事，我去过多次苏州，钱先生家也去过很多次。

真正让我回到唐代的，就是陈老师《全唐诗补编》的选题。我还清楚地记得，我看到第一份《全唐诗补编》的

一九九一年秋，徐俊先生与中华书局文学编辑室同事北京房山云居寺留影（后排右二为徐俊）

选题，是孙猛先生写信推荐陈老师的《全唐诗续拾》。孙猛先生就是后来做《日本国见在书目录详考》的学者。他的那封推荐信，还在我们档案里存着。现在学者都是发微信、发 e-mail，那时候不同，陈老师给我写信最多。我二〇〇〇年离开中华书局去社科院文学所，离开的时候清理过一次书信，现在保留的信陈老师的是最多的，一封也没少。里边有很多很感人的内容，今天就不说了。

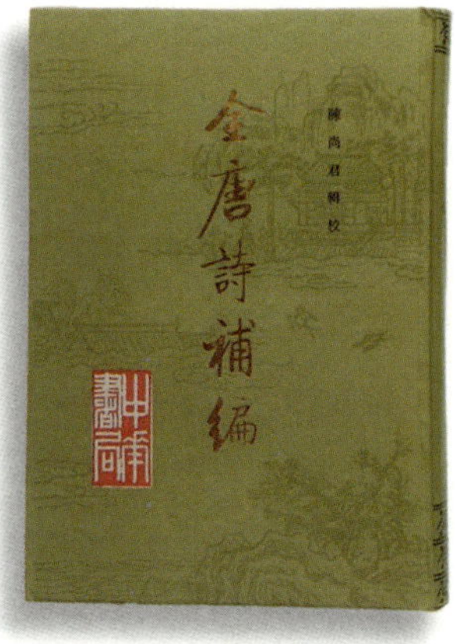

《全唐诗补编》（全三册）
中华书局一九九二年版

陈老师这个稿子开始列入我们出版计划，要安排责任编辑的时候，主任说你负责这个事儿吧，这个时候我才开始接触一点点唐诗和唐代文学。前一段时间我们做线上直播，我说我离开家乡到南大上大学的时候，连《唐诗三百首》也还没见过，真是没见过。然后他们就问我，那你读的第一首唐诗是什么？我怎么想也想不起来，想来想去可能就是“锄禾日当午，汗滴禾下土。谁知盘中餐，粒粒皆辛苦”，这大概是小学课文，其他唐诗都没读过。就是因为编辑《全唐诗补编》的机会，才开始接触唐诗，你说我谈读书，我谈什么呢。每个人的经历真是完全不一样的。

但是特别有幸，我一九八三年进入中华以后，融入到中华书局学术的专业的氛围里面。那时候傅璇琮先生还是副总编辑，等傅先生当了总编辑，过年的时候，《人民日报》要搞学者寄语之类的文章，傅先生写过一篇，他自己集子里没收，文章叫“大力提倡编辑学者化”，这就是当时中华书局的氛围。

我到了中华后先在古籍小组办公室工作了一年多。当时古籍小组组长是李一氓先生，他大概是我党老革命里面非常好古的一个人。我最早知道李老，是上采石矶的太白楼，看到李老写的“太白”两个字，我就觉得像古人一样。李老自己藏书也很多，就拿《花间集》做例子，所有的《花间集》

一九八八年中秋节，徐俊先生与傅璇琮、许逸民先生太原唐代文学年会间留影（左起依次为徐俊、许逸民、傅璇琮）

版本他都有；他收藏的明清的词集也特别多，所以在他当古籍小组组长这一任上，就安排要编《全明词》《全清词》。这两部都没有真正做完，《全清词》还在编，《全明词》勉强出了。

我第一次见到李老的时候，就像刚进大观园的刘姥姥一样。李老就住在社科院后面的大牌坊胡同，到了李老的客厅，我一看挂在墙上的都是石涛、郑板桥的作品——以前我根本没有见过真迹——再一看他抽雪茄，烟缸都是小青铜器，当时真傻了，可见我那个时候见识是特别特别少。

李老在《一论古籍和古籍整理》《再论古籍和古籍整理》之后续写《三论古籍和古籍整理》，发表在《文汇报》，就是他写完稿子，我给他抄。李老除了收藏词集以外，他还特别喜欢那些历史上有污点的文人的集子，到处寻摸，寻摸不到就借来，我给他整本都抄过，他还跟我开玩笑说，大学士你就抄吧。当时《全金元词》都编完了，他又看到金元时期用词体写的算卦书，就是占卜的词，《望江南》那样的。他就要我把这一本每一卦的占词，都用稿纸一个一个地抄下来。

李老早年收藏字画，自己在字画后面写有题跋。他收藏了清代扬州卢葵生的东西，卢葵生这个人不仅是漆器大师，还兼擅绘画，清代不少笔记对他都有记载。李老后来在《文物》上写了一篇特别长的研究文章——《跋卢葵生山水画卷》。当时他已经八十多岁了，写不了小字，没法把这篇文章抄到他那个精致的手卷上。他就拿一张清代的老纸，对我说，你给我把这篇文章抄到后面，我就给他把这篇文章都抄到后面，最后还写上“江中徐俊代抄”。李老晚年把所有的字画都捐给四川博物院。前一段我去四川博物院跟他们副院长说，您找找看还在不，当年我的字写得实在是太丑了。老先生当时就希望把这篇文章放到他的藏品后面传世。

进到中华工作以后，其实做的很多事情，都是我原来学习时候遇不到的。比如说最基本的工作，我们做编辑都要捆书，一本书也要捆，一摞书也要捆，而且捆书捆成“井”字形，每一个交点都要交结一下，不是说捆一个“井”字就行，每一个交点都要交结一下才结实不移动。那个时候，中华出的每一本新整理的古籍，都要寄给所有的古籍小组的成员——陈老师、傅老师都是现在的古籍小组成员，他们的任命书是我写的——从捆书到写地址都是我做。当时有两位古籍小组成员是香港人，一位是饶宗颐先生，一位牟润孙先生。后来我有机会到香港去，去饶先生家，我一看地址，跑马地，真熟悉啊！我写了一年多这个地址。

总的来说，当时大的环境跟我们现在不一样，现在产业化、市场化，考核特别多，那个时候编辑一年编辑七十万、五十万字的样子。

再说我的小环境，我在古籍小组待了一年多，然后就去了文学编辑室。那个时候的主管领导是程毅中先生。很多人都知道，我们傅璇琮先生是做文学的，但是傅先生一天也没有在我们文学编辑室待过。傅先生是我们古代史编辑室的副主任、主任，副总编辑、总编辑，他不是我们文学室的，文学室一直是程先生管。后来程先生因病辞去了副总编辑，这在历史上也是没有的。程先生今年九十岁，把稿费三万多一次捐到武汉市中心医院，让我们必须要联系到中心医院，捐给一线医务人员，就是这么一位老先生！那时候大家说好不容易当上副总编辑了，而他说不当就不当了，说身体不好就辞了，不是等到退休才辞的。

当时我们书局里面的老人，一位是周振甫先生，一位是杨伯峻先生。杨伯峻先生在古代史编辑室，周先生跟我一个室，文学编辑室。周先生那时候已经开始不上班了，但是他每周都要来，都是挤公共汽车来。有时候我们看他来了，天气不好，就会去总务处那里要个车送他回去，可他总会想办法把你避开，自己就走了，回到家打个电话，说我已经到家了。周振甫先生就是这种特别谦逊克己的老先生。

周先生的信箱就在我背后面，那种黄色的柜子，中间有两个抽屉。他一直到九十岁都坚持给读者回信，他每天都有读者来信，我就给他收信，他来了拿给他，有时候也去他工体对面的家里。他是我们编辑室最年长的。周先生每出一本书，都会恭敬地用他特别小的字写上“徐俊同志”，然后盖上章签上字。不论任何人，从领导到刚入职的，每次都要恭恭敬敬地送到你跟前，对我们小辈他都叫“某某同志”。

我所谓的读书，是从读稿子开始

我们刚开始做编辑最怕的一件事是什么呢？就是程毅中先生来谈稿子。我们审稿要一句一句读过去，我做陈老师《全唐诗补编》的责任编辑，每一首诗我都要想办法去找去查，有问题要贴上条子。我入职文学编辑室以后做的第一本书，是一本最终没有出的书，是《世说新语》的一个校本。当时中华其实有徐震堮的、余嘉锡的本子在整理中，但都没出来。我接手的，是西北一位老先生做的稿子。我就找影印本，找线装本来核对，去查底本选择恰当不恰当，底本选择是我们做古籍编辑面对的首要工作。然后就要梳理他的版本源流是什么，每一个版本系统里面主要的版本要拿来做校本，通校本或者参校本，都要跟作者一样研究一番，写到审稿报告里面。

我们也得去北京图书馆，还有对面的科学院图书馆去查，还有什么批校本之类的。什么都要去看，回来要写成报告，然后就要对稿子每一个有问题的地方，贴浮签、贴条子。我们做“二十四史”点校，崔文印先生写过一篇文章，回忆张政烺做《金史》的事情。张先生跟崔先生经常说，我们每天的工作就是贴胡子，拔胡子，你贴完了，要把这个问题解决，再把这张浮签给撕掉，浮签都撕掉审稿才算结束。

现场听众记录讲座精彩瞬间

我们每天就做这个工作。我记得《世说新语》审了五卷出来，贴满了条子，交给程毅中先生，程毅中先生两天后就站到你跟前了，说“徐俊同志，我要跟你商量商量”——我最怕这个，这意味着你贴的条子不对，或者就是你该贴条子的地方、你该看出来的问题看不出来。就是在这样的过程中，一个稿子、一个稿子就这么磨。你每拿到一个稿子，从版本，从前人研究，然后到具体稿子本身，你要把它一个个的问题找出来，最后哪些问题怎么解决，要写信跟作者去商量。

所以我所谓的读书，就是从读稿子开始的。应该说在那种环境里面，像周振甫先生、杨伯峻先生老一代的编辑，还有跟我交往比较多的一位王文锦先生——他是“三礼”专家，在我隔壁办公室，跟我一道进来的一个北大的同事跟王先生一个办公室，所以我经常去串门——这些老先生们，无论是学养为人，还是工作敬业，确实对我们年轻人影响很大。你进中华书局的时候不管是什么模样，到最后都能塑造成中华书局那个样子。这是中华当时大的环境。

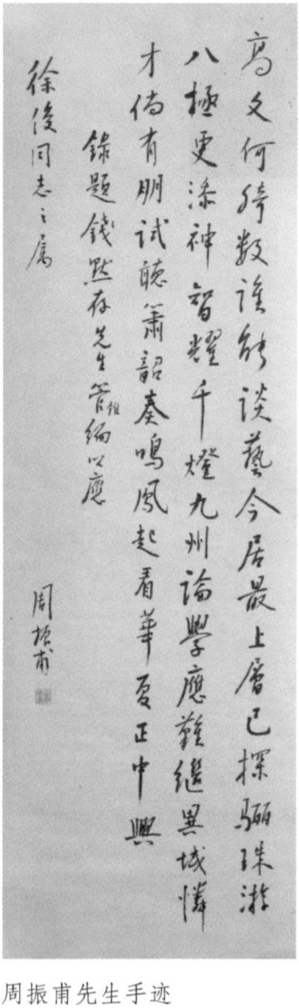

周振甫先生手迹

第二代比他们这些老先生年轻，对我们影响比较大的就是傅璇琮先生跟程毅中先生。他们是前后直接分管我们文学编辑室的局领导。我在一九九一年就开始做文学编辑室负责人的工作，直接就与这些老先生有关了。责任编辑一审，我负责二审，然后到程先生、傅先生他们那里做三审。

老先生们也都不一样，程先生你给他稿子，他一定要拿回去认认真真看。包括给作者写信，这个我体会特别深，我们给作者写的信，程毅中先生往往只在关键处改一两个字，这一两个字改过以后，无论语气还是表达程度，你都会觉得真好，应该这么写。但傅先生就比较少管我们，他是过程当中管理，到最后要签字发稿了，要退改了，傅璇琮先生不会再拿回去，像程先生那样从头到尾再看一遍，或者再给你贴一大堆条子。傅先生甚至站在你桌子跟前，说这个事情就是按照上次说的商量着做的，就站着直接签字了。傅先生特别信任你，工作过程当中都跟你谈。就在这样一个环境下面，我从编辑工作进入古代文献领域。

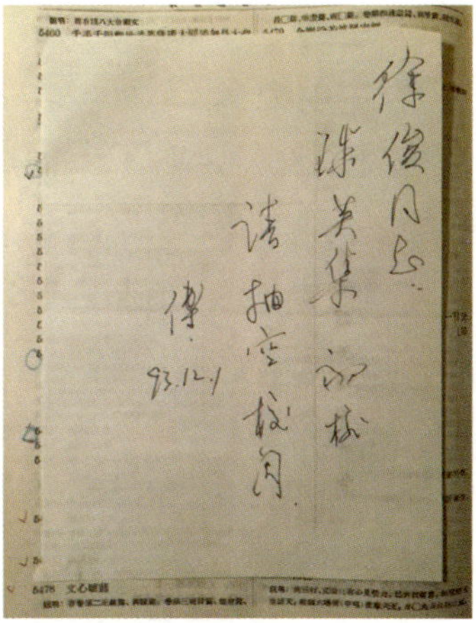

傅璇琮先生留言手迹

进入古典文献领域，是从《全唐诗补编》开始

在我们同事里面，每个人都有一块自己熟悉的领域。比如说很多做宋代文学的人知道的一位老先生刘尚荣先生，就是我同室同事。我们的《苏轼诗集》《苏轼文集》，点校者是孔凡礼先生，孔先生在“文革”前是中华书局的临时工，实际上他是个中学老师。刘尚荣先生就是他的学生，孔先生所有的书都是他当责任编辑，文学室宋代的书基本上都是刘先生在编。宋代的文献研究也好，文学研究也好，应该说最清楚的也是他。所以在我们的那些编辑里面，每一个人都有一

个专长，而且每一个人在各自领域也都写一些文章，最起码是整理过那个领域的古籍。复旦中文系的戴燕老师，当时就是我们文学室的同事，我们曾经是一个办公室的。我们三个人办公桌摆成品字形，另一位是赵伯陶先生，他是北大七八级中文系的，后来去了文化艺术出版社，最近人文社出了他的《聊斋志异》校注。

当时我真的是压力特别大。像戴老师，那时候每天去我们中华书局图书馆借书，从中国早先的文学史著作，到日本人写的文学史书籍，逐本读。最后她写出了《文学史的权力》——很厉害的研究工作。所以我们这些新人真是压力特别大，自己根本不知道能做什么，该做什么。就是在这样的情况下，陈老师《全唐诗补编》的稿子来了。那天跟我们潘总潘凯雄——陈老师的学生、复旦中文系八三年毕业的——聊起来，他说你还记得吗，陈老师的稿子是我从复旦背到北京，送到你那儿去的，原来我们是那样才认识的。

《全唐诗补编》的稿子来了之后，我就要进入刚才我说的工作流程。这本书没有底本问题，但当时学术界有一个不大不小的热潮，就是续补和纠正《全唐诗外编》的热潮。这样一来，学术界已经发表的文章我都要去找，陈老师辑佚的每一首诗，后面写的按语我都要一条一条去读去核。当时我对《全唐诗》或者说唐代文献大致的框架结构，和不同类型文献在考辨辑佚里面的价值作用，开始一无所知，就是从读这个稿子才逐渐进入的。这个过程很漫长，大概六年时间。就是通过这样一个过程，我才接触到唐诗、唐代的诗人，接触到别集、总集，接触到类书，接触到地方志。在实践过程当中逐渐去了解审稿必备的一些基本知识。

那时候除了针对稿子以外，陈老师的每一条校记和校记涉及的书，我也都会去图书馆查。应该说我进入古典文献领域，或者说我摸到古典文献编辑出版的门径，真正的是从《全唐诗补编》开始的，所以陈老师是我真正的老师，要特别谢谢陈老师。

从编者与作者的交往来说，我跟陈老师应该是联系最多，他给我写了多少信，我就给他写了多少信。一段时间，部分卷次审读完了，遇到什么问题我不清楚的不懂的，或者说我觉得应该怎么处理的，或者建议怎么处理的，都会给他写信，长的短的都有。我也特别能体会到陈老师的工作方式，那个时候通信或者面聊，陈老师经常说“我每天都有收获”，陈老师说他每天都要看一本新书，从里边发现一些新的东西，每天的生活都十分快乐。我去过陈老师的宿舍，那个年代在书房里有复印机的，我估计绝无仅有，可能只有陈老师有。那个时候，他已经开始做《全唐文补编》了。

后来我做相关的研究工作，对我影响最大的，就是陈老师的辑佚工作。昨天坐在飞机上想，陈老师这个工作，到底跟前人有什么不一样？前人的辑佚工作，包括清人，还有三位老先生王重民、孙望、童养年做《全唐诗外编》，他们的工作都有一定的系统性，但大多是个人阅读机缘偶尔得来的。还有像我们做敦煌里面的诗歌——敦煌里面的文学作品，诗歌是最多的——从罗振玉开始，一直到王重民（王重民《补全唐诗》的稿子前几年出现在拍卖公司，从中可以发现，实际上他已经做得挺系统的），拿日本学者的话来说，那是觅宝式的，抓到一件宝物，拿到一个卷子就写一篇文章，没有完整的关照。陈老师做《全唐诗补编》区别于所有前人的最大特点，就在它是一个系统工程。

我还记得当时陈老师写的文章里面介绍他的做法，就是首先研究清康熙时编《全唐诗》的时候，清人看到了哪些书？《全唐诗》编成以后，又出现了哪些前人没看到的书？

一九八八年中秋节，徐俊先生、陈尚君教授等在太原唐代文学年会间留影（左三为陈尚君，左四为徐俊）

陈老师都要去看，是地毯式梳理过去的，所以最后才可能形成集成性的《全唐诗补编》。

我读书，进入学术领域，有一个最小的切口

说到我读书，进入我的学术领域，一个最小的切口，就是《全唐诗补编》里面包含的一册《全唐诗外编》，《全唐诗外编》的第一种就是王重民先生的《补全唐诗》——王重民先生三十年代去伦敦就开始做补《全唐诗》的工作。那时候看敦煌的卷子是非常难的。八十年代在北京，中国台湾印的《敦煌宝藏》一百四十册，很少图书馆有这样的书，我知道的只有在北大图书馆、北京图书馆（现中国国家图书馆）、科学院图书馆有。而我们中华书局有个好的图书馆。当时古籍小组每年给五十万经费，让我们图书馆从古书到台版书，都能买来，所以当时我们书局用的《文渊阁四库全书》，不是上古版，而是直接买的台版。所以我们书局里面有一套完整的一百四十册的《敦煌宝藏》。我要看王重民先生《补全唐诗》所依据的原卷是什么情况，就会借《宝藏》来核，核得不清楚的，就去北京图书馆看阅读器，黑布往头上一罩，钻在里面看胶卷，就这样把王重民的《补全唐诗》校过一遍，也开始接触敦煌遗书。《补全唐诗》当时其实已经排定了，但陈老师在校记里面，还是把我做的部分可吸收的都吸收进去了，还做了明确的说明。

因为这个工作，我开始接触《全唐诗》、敦煌诗歌，后来下决心要普查一下敦煌文献上的唐代诗歌。我刚才说书局里边每个人都有一个专长，我什么也没有，现在刚好是个机会，边学边做。我有一个别人不具备的条件，别人必须到图书馆去才能看到《宝藏》，我不需要。如果要去图书馆的话，你很难把这一百四十册全翻一遍，翻一遍还要找出里面的诗歌，还要跟传世的《全唐诗》去对，还要抄录，怎么可能做成？

当时我确实是年轻，很有勇气，就学习陈尚君老师的那一套做法。因为我在书局里面，《敦煌宝藏》可以借出来，我就借到办公室，午休的时候一页一页地翻。五册五册地借来，五册用完了以后我就还回去再换下一个五册。如果要抄录，或者要做详细的工作，我就背回家一册，晚上处理。那时候每天晚上几乎要干到两三点，乐此不疲。体会到陈老师说的那样，我每天都能发现一首新诗，兴奋高兴。在这种情况下，我把一百四十册的《敦煌宝藏》一页不落地翻过，涉及四万个卷子，凡是韵文我就贴一下，找出来，最后形成了《敦煌诗集残卷辑考》里边一千九百多首诗。那个时候根本没有索引，核对起来非常麻烦。我们文学室当时留了河南大学李嘉言先生主持唐诗研究室负责校订《全唐诗》的时候编的一套《全唐诗首句索引》，就是每首诗的第一句首字的索引，手抄的。所以我最起码比外面的人有优势。首先外面的人不可能把《宝藏》全部借回办公室看，然后我又有陈老师

《敦煌诗集残卷辑考》
中华书局二〇〇〇年版

《敦煌诗集残卷辑考（增订本）》
中华书局二〇一九年版

《全唐诗补编 · 续拾》六十卷的工作对应，又有这样一个《全唐诗》的首句首字的索引，最起码完整的诗我很容易知道是不是《全唐诗》里有的——这个很关键。然后我就能知道这一个卷子到底是什么性质，是早已流传的唐诗，还是不见于中原敦煌人写的诗歌，那肯定就收不进《全唐诗》。这些都是我的便利条件。

之后我又承担了《中国文学家大辞典》唐五代卷的责任编辑工作，这与陈老师又有关系。唐五代卷的主编是周祖譔，周先生是老清华毕业，也是特别好的先生。《文学家大辞典》唐五代卷里面不见于《全唐诗》、不见于传世典籍的，所有新见的诗人和他们的履历，都是陈老师考证的。这也非常关键。别人知道《全唐诗》小传，还有我们局里出的傅先生的《唐五代人物传记资料综合索引》。那不见于这两个文献的谁知道呢？只有陈尚君老师知道，第二个人就是我知道。

所以，各方面的条件让我有机会做专业方面的深入。从八六年接手陈老师的书，到《全唐诗补编》在一九九二年出来，我基本上把一百四十册的《敦煌宝藏》全部都过完了，也做了第一轮的录文，都是手抄的，在中华书局的八开稿纸上一个一个校录。到一九九六年又重写了一遍，一卷一卷地重新做过了。九六年我们到扬州开过一次会，会后还搞了一个小的座谈。每个人讲自己做的题目，我在那次会上讲了对敦煌诗卷的认识。我认为，以往是以辑佚为目标，从卷子里面刺取出来这些佚诗。当我把一百四十册《宝藏》全部都翻完，按一个卷子一个卷子做了录文，卷子里面涉及的文献是什么？比如说典籍、籍账、契约，或者学郎抄的童蒙读物，其时代地域、创作年代、传抄年代、是中原还是敦煌，这些事情做了基本的研判之后，我觉得敦煌文书作为一个整体，对我们还原当时的文学生态的价值，超过辑佚。你一下就能看到在敦煌那个区域里面，从北朝时期开始一直到宋初，文学发生、传播、改写，还有跟当地的宗教文学、民间文学去穿插，你就会感受到这是一个特别丰富的现场。那一年在香港开敦煌会的时候，我提交了一篇论文叫《身临其境的诗坛》，这个诗坛和我们读一个一个作家、一个一个诗人、一篇一篇诗得出来的印象完全不一样。

我的写作能力非常有限，平常写的一些小文章也都是纯粹的文献比勘考证。我觉得把这么多的文献做完了，梳理出来以后，还不能把我的认识写成一个前言太可惜，所以花了很大的功夫，写了一篇五万字的前言，把对敦煌文学作品的认识，写本时代和刻本时代的区别，整理的原则作了集中交代。到现在为止，我写的论文见于《鸣沙习学集》两册，而这个前言，仍然是我最满意的一篇文章。现在写本学、书籍史已经很热了，很多老师，包括荣老师前一讲还在说——《鸣沙习学集》是陈老师跟荣老师给我写的序——能把这个写本时代的书籍传播、诗歌传播的特征写得这么明确，还是有一定的超前意义。

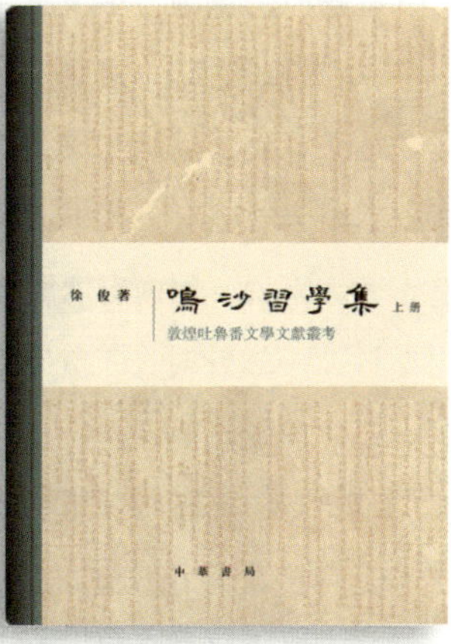

《鸣沙习学集——敦煌吐鲁番文学文献丛考》
中华书局二〇一六年版

实际上整个过程，就是我努力想去做一份与编辑工作相关的专业研究，形成了这个有限的学术方向。

随着敦煌遗书整体的公布，现在的研究范式跟原来完全不一样了。原来就是一个觅宝式的研究，各个门类专题的整理也都差不多了，要对它进行整体研究，就首先要结合唐五代宋初河西地区的历史文化和语言。原来杭州大学从蒋礼鸿先生到郭在贻先生他们的书，我都一本一本地看，看得懂、看不懂都去看。当我做完第一轮敦煌诗歌的录文以后，基本能做到看到相近的主题、相近的句式、相近的意象，都会有印象：敦煌有这一首诗。

那时候除了索引，基本上就靠翻。像唐前的诗，那个时候逯钦立先生《先秦汉魏晋南北朝诗》还没有索引，我从头翻过两遍。当然那些长篇的诗我都不去翻了，就翻那些小的，尤其是与佛教有关的那些短的诗，居然翻出来一些。那些宗教的偈颂根本没法翻，就是翻《大藏经》里面的历代灯录，《祖堂集》，这些书一个个翻，才知道是一个公案，是个话头，到了敦煌变成了这个样子了。

当时也有一些书让我印象很深，或者起很多作用的。就敦煌来说，国内有两股热潮，一是针对《敦煌变文集》的校订，一是针对《王梵志诗》的校订。《敦煌变文集》是“文革”前的几位老先生分工做的。这些老先生特别厉害，卷子不清楚，通过考证辨析认为是某个字，你去一看，果真是那个字，真是了不起，这个是我们不可能做到的。

王重民先生做《补全唐诗》，请了刘盼遂、俞平伯先生等参与做文字考辨，这个字应该作什么，不应该作什么，非常精到。我当时想如果我能找到一个搭档，把俗字、俗语词做一遍就好了。可是我不会嘛，我完全不懂，也是要去看这些老先生的著作。这里边对我影响最大的是项楚先生的书和论文，一篇一篇地我们都要去看，特别是项楚先生的《王梵志诗校注》。

除了我刚才说的，敦煌的诗我一篇一篇贴了条子辑录以外，我还做了两项工作。这两项工作还在柜子里放着，一个就是任二北先生的《敦煌歌辞总编》，我是完整地校过，只要这个卷子是歌辞，我都拿《歌辞总编》来校。还有就是完整地校过王重民的《敦煌曲子词集》，是拿我们中华书局出的《全唐五代词》来校，里边有一卷敦煌词。任先生的《敦煌歌辞总编》有一些是他当时在北京看胶卷录的，不准确的地方比较多。而且他敢于案断，骂人骂得挺狠。最典型的一个例子是《胡笳十八拍》,《敦煌歌辞总编》里面收了《胡笳十八拍》，但压根就不是据敦煌卷子录的，就是据《全唐诗》录的，拿敦煌的卷号一对就对出来了。

关于《敦煌歌辞总编》这本书，有个事儿我到现在也还不是很理解。任先生的研究既重视歌辞，又重视曲子，甚至重视舞蹈，他叫“舞容”。他的整体研究，叫“唐艺发微”，它不只是文本层面的，是一个综合研究。可是恰恰他在做《敦煌歌辞总编》的时候，回到了文本，把一个完整的卷子，甚至于一首长诗，都按主题——这个是生活，那个是佛教，那个是道教——分类放到不同的地方，把敦煌最具有功能性的文学作品，拆成单个的小块文本。我第一次发现这个问题，就是看到敦煌里面的《山僧歌》。关注禅宗的都知道，葛兆光老师的《禅宗与中国文化》里面引过。当我拿到卷子的时候才发现，这个居然根本不是一个卷子，而是一个册子，册子中间装订的线还断了，装订的孔还在，散成了五六页。你想，这个册子就跟我们笔记本一样，散页以后，抄的第一页和第二页挨着，第三页就变成另外一张纸了。所以任先生在整理的时候，把它做成六七首单篇，起了各自的主题名字，分散在各处，其实《山僧歌》压根就是一首长诗。所以《敦煌歌辞总编》我觉得最大的遗憾，就是把一个本来特别能够反映词、曲、舞形态，尤其反映歌辞功用的东西，全部都拆散了。

我后来悟出这种整体的作用，包括用叙录、校录的方式来进行，其实是不断地去研究大家整理的方式带来的弊病，最早体会到中原和敦煌两地之间的区别，就是看当时的一些学者的文章，有些学者把敦煌里的一首诗拿出来了，用来研究敦煌的民俗，说我们敦煌瓜沙地区也有这个东西。其实压根就不是，是唐代中原地区的诗，在《全唐诗》里就有。这种完全错位的研究给我带来很多启发，觉得必须要回到卷子本身，卷子抄写时候的场景。这个卷子的功用到底是学郎读的，还是学郎用来习字抄的、自己练习的，还是在某一法事上念诵的、演绎的，就是理解其实际功能性特别特别重要。

我后来去了社会科学院工作，有一个没有做完的事，当时社科基金立了项，诗歌做完了以后，我就要做歌辞、做赞颂，佛教赞颂已经做了一部分，赞颂的叙录也都做得差不多了，后来回局做出版就再也没做。我认为从原来王重民的“敦煌曲子词”，到任先生六十年代做的“敦煌曲”，后来叫“敦煌歌辞”，这个范围扩大了，其实是泯灭了它们中间的差别，实际上对曲子词的研究也好，对歌辞的研究也好，对敦煌当地的文学文化的研究也好，是一个混淆，造成了一定的麻烦。

说了这么多，其实就是把我通过陈老师的《全唐诗补编》，进入一个小的敦煌文学、敦煌诗歌的研究的过程，跟大家做了一点汇报和介绍。在这个过程当中，除了诗歌之外，我需要知道很多的东西，要对敦煌当地的历史、宗教有所了解，还要看项楚先生的书，蒋礼鸿先生、郭在贻先生的书，敦煌历史一块的书。也算回应下傅老师这个系列讲座的第一讲，对我作用最大的是荣新江老师的《归义军史研究——唐宋时代敦煌历史考索》。这本书基本上是归义军史的一个坐标，我所做的东西，都要去跟这个坐标——历史的和地域的——去作对照，找到我做的诗歌文本的年代、地域位置。在这个过程当中，也会有很多的发现，因为每个人做的领域不一样，做历史的，做宗教的，竟然还有文学的。比如说一般写卷里面，经头卷尾的题记，都涉及人、涉及寺

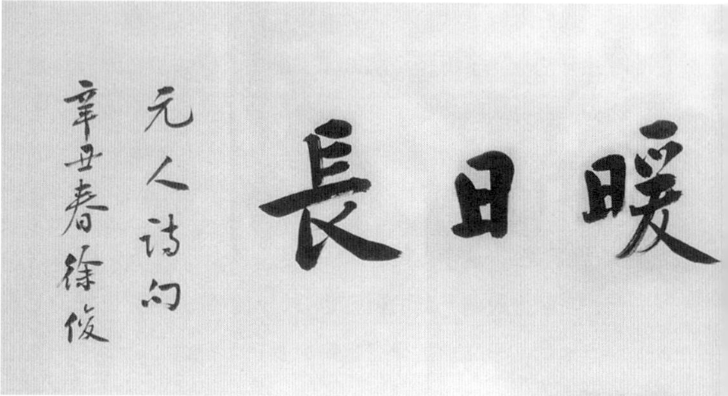

徐俊先生手迹

庙，都要去做辑录研究。日本学者池田温先生的《中国古代写本识语集录》，一条一条涉及的人我都去梳理过，所以在写卷里面遇到这些人的时候，我就认识，我就能想起来，在哪个地方会有。

当时也做过一些笨的工作，比如说《敦煌歌辞总编》我离不开，但他同一卷给你分散了，这个在第一册，那个可能就到最后第三册。我完整地自己编过《敦煌歌辞总编》的索引，比如我看到一个东西，一查就知道任先生的三册书里面提到过几次。《全唐五代词》出来以后，敦煌的那一部分，凡是作者、题写者、首句、词牌名，我用电脑做个索引，打出来贴到书后面。只要看到一首曲子词，我一查就知道前人

是否做过。这个是受陈老师的影响，陈老师也有很多工具，比如新出一个墓志，一查就能查到。

说到最后要说一下为什么后来出《鸣沙习学集》的时候，我一定要请陈老师和荣老师给我作序。我自己在后记里是这么说的：这本论文集对我个人来说，我早已经离开这个研究领域了，在出版社我也不做编辑工作，去做管理工作了。论文集对我来说就是一个学术的纪念品，这个纪念品要想做完美了，就是陈老师要写篇序、荣老师要写一篇序，两位老师都给我写了，特别感谢。尤其是陈老师的序，后来还放在《文汇报》发表，起了一个比较煽情的名字。叫“一个作者和一个编辑的三十年”。

刚才讲了好多陈老师，荣老师今天不在场，我也要讲荣老师对我的支持。所有与敦煌有关的书，都是从荣老师那儿借，荣老师得到的与诗歌有关的资料，他都会第一时间给我。诗歌我能找陈老师请教，但是与此相关的西域敦煌史地的东西，我都要去跟荣老师请教。还特别有幸，我跟荣老师曾经合作写过三篇文章，跟荣老师学习了很多东西。

我的稿子全部完成之后，我记得是春节放假之前，冬天，我骑自行车到了未名湖，荣老师那时候在健斋，我把我的稿子装订成了三册，请荣老师从头到尾审订。荣老师从头到尾看了一遍，用铅笔作了批注。现在那个本子还在家里藏着。可能很少人有这样的机会，一本近百万字的书稿，这么

二〇〇〇年六月，徐俊先生、荣新江教授敦煌藏经洞发现暨敦煌学百年纪念活动留影

多的内容，荣老师从头到尾看过，改过一遍，贴过条子，铅笔批了，然后我根据他的要求再修改。

应该说我是特别幸运，前面讲的那些条件，物质的条件，用书的条件，编辑工作与自己的兴趣有如此大的关系，加上文学方面有最顶级的陈老师，敦煌方面有最顶级的荣老师，才让个人的研究能够顺利开展。

荣老师那时候去英国和法国开会，要去巴黎一天，只去一天，然后我就 e-mail 把我胶卷上看不清的字发给他。荣老师就在巴黎图书馆给我校了一天的卷子，那些有疑问的问号，空缺的空文，他都校回来。有些事儿呢，就是你功夫下到了就有奇迹。荣老师研究过《张公德政碑》，整个里面就缺这么一小块，他在英藏的残片里面，发现这一小块补上去正合适。然后我也研究这个卷子，这个卷子的背面是诗歌，《德政碑》完整的一页一行不少，就这个小窟窿都给荣老师补出来了，但背面的诗歌却缺这么一大段。他那天又是去英国，我说这背面这一块胶卷是白的，《敦煌宝藏》也是白的，里面一定有诗歌，他就去找吴芳思把这一白纸给揭了，果真上下完整，联起来都是诗卷。这种巧合真是让人难忘。

这个卷子的这一页，从翟林奈编目到王重民他们看、向达他们看，一直到英图做出微缩胶片，在揭开这张纸之前，没人见过这中间一段诗歌，最后通过荣老师向英图申请了这一张新揭开内容的首次发表权，就发表在我那个《敦煌诗集残卷辑考》里面。

所以这个工作有很多机缘，让我读了很多诗歌之外的书。你看我一个学文学的，在南大读了四年，也不能说母校没给我多少知识，但确实我们学到的东西很少，都是在编辑过程当中学到的。后来我到局里面从事管理工作，包括做副总编辑、总编辑的时候，就要管很多其他学科，我一做副总编辑就让我管历史、管哲学，哲学里面的宗教，佛教、道教。要说对这些学科有一点点的认识，就是当时做敦煌诗歌，涉及宗教的东西、历史的东西，最起码知道有什么书，看什么书。我自己也觉得陈老师做的《全唐诗补编》的工作——今天要对陈老师的《全唐诗》新辑的工作完成，表示特别的祝贺——就是它不同于前人编《全唐诗》，做《全唐诗》的辑佚，而是基于一个大的文献背景做的。

徐俊先生、陈尚君教授分享“编辑与作者的故事”

也是在这个过程当中，我对其他行当的文献背景有所了解，才对后来局里面其他学科的编辑工作有一点点基础，对我做更宽范围的编辑管理工作、选题工作特别有用。所以我的经验就是，学术研究工作也好，编辑工作也好，你一定要有机会去打一口深井，然后触类旁通，去接触它相关的文献。你曾经做过一件深度的事，再接触到其他文献，你的认识，你的理解，你的敬畏之心，或者说不敢怠慢、不能随意处理的认识，都会带给你更多的好处。

我讲到八点半了，不能再讲了，也讲不好。借这个机会，把我学习过程当中的体会跟大家做一个汇报。

■ 编辑是一个非常好的行业，首先你有很多读书的机会

编辑其实是一个非常好的行业，首先你有很多读书的机会，你有很多接触学者的机会，老一辈的学者给我们的时代感，还是很不一样的。在中华书局，除了古典文学学科的好多学者我接触过，其实也接触过很多其他学科的老先生，有很多言传身教。

做编辑工作还有个好处，它的门槛不高，是一个经验式的工作，但最能够把你的想法融入到你编辑出版的作品里面。你搞其他行当，你去设计电视机，设计汽车，很难把个人的爱好和想法体现到里面。可是我们编辑工作，每一个作品，尤其现在面向更多大众读者，除了内容的严谨，其他如

表述、表达、呈现方式，都是由我们编辑决定的。你的审美，你的理想，都能够直接融进去。

所以做编辑是最能体会收获的一个工作。当然现在市场经济很厉害啊，受挫感也是经常发生。我就说这些，不当之处请陈老师、傅老师指教，请各位指教。谢谢大家。

傅杰：

副会长做完了汇报，会长是不是做点儿指示？欢迎陈尚君老师。

陈尚君：

和徐俊认识，第一次见面应该是一九八七年，我印象很深，我到北京去取《全唐诗补编》。

徐俊：

《全唐诗补编》第一次退改稿。

陈尚君：

我是八五年二月份交的稿子，他八六年去审，然后就是八七年的夏天，我记得我是到黄山去以后，再去北京取稿子，第一次见面到现在为止，一下子三十三四年了。

徐俊：

那时候陈老师到我们王府井去看稿子，中午我就到食堂拿个碗，给他打一碗饭，或者打一碗面，他就在我们办公室每天工作。

陈尚君：

三十三四年，作者和编辑之间的友谊有无数的话可以说。最直接说的话，等到他已经做了副总编了，我说我到北京经过一下，他就拿一份看好的校样给我。我当时印象最深的，是徐总提着两大箱子，送到北京站。有好多印象都是非常强烈的。

我特别要说，我和徐总有很多相同的地方。我们开始读唐诗都非常晚，我比他大几岁，但是我做了八年的知青。我第一次读到《唐诗三百首》是在农场的时候，快二十岁了。但是我觉得我们这一代人逐渐成长，个人轨迹不同，出版社也是一个好的学校。刚刚他的经历都已经讲过了。印象特别深的是二〇一六年傅璇琮先生去世，王瑞来进去的时候，和我并排的，后来大概我们退出以后，他就给傅先生行了一个跪叩大礼，场景我没有见过。他也是本科生到中华书局，完全不知道什么是学术，然后他觉得他所有的学问是傅先生教他的，所以他专程从日本回来送傅先生。

这中间有许多可以说的，我特别要说，一代有一代的学

陈尚君教授分享与徐俊先生交往的故事

术。我和徐总都是经历了两个时代，前面一个时代是前数码时代，后一个时代是检索、后数码时代。从传统古籍整理来讲，是有根本区别的。可以说我们都是一本一本书系统来读，一个字、一个字地抠。但现在有变化了。我觉得徐总所讲的一切，有好多事情我并不知道，你说给李一氓做助手，我从来没听到过，真的是非常难得，我今天晚上也大开眼界。以后有机会，我存的你的信也应该整理出来，不知道有多少，现在想不起来了，但是真的是一种很难得的机缘。

比如说基本的唐诗文献的整理，因为刚刚徐总特别讲到任半塘先生的《敦煌歌辞总编》，我补充一下你可能还不知道的情况。任先生手上的这一套敦煌的抄本，是龙晦给他抄的，他用的不是敦煌卷子的原卷，他是把龙抄当作敦煌卷子在处理。这个龙抄我在王小盾手上见到过。再加上任先生的主观的感受，大量的典籍就变成他那种面貌，他特别感觉有巨大的力量来抟沙成器，但是这种主观想象的东西，又是前辈们难以想象会这样来做的。所以真的是非常之特别。

我这几年做唐诗，因为徐总所做的敦煌的部分，我全部仔细地读过，不仅读过书，而且逐字输入后又重新处理过，这个出入之间，大家能够听懂徐总刚刚说的话，我们现在朋友归朋友，学问归学问，包括对好多事情，都会有分歧和不同的表达，都是尽可能追求接近真相。我觉得这几年能够读懂他对敦煌的诗搞到什么程度，哪里有细节的出入。你居然还缺了一首诗，这个是我经常会有的新发现，我也会告诉他。

徐俊：

等你《全唐诗》新辑本出来以后，我再把我新的修订本推出。

陈尚君：

有些理解我可能和你会不一样，比如说你书里边《李相公叹真身》，说是宋仁宗的，我们说宋仁宗这个是假的，那是当时民间的一个抄本。还有所谓“直上青山望八都”那一首，你说是吕岩的，我倒认为它是敦煌民间的，附会到吕洞宾身上去的。还有一个是《康大娘遗书》，和《本事诗》里边有一个东西相关，我愿意倒过来看，实际上是民间流行的东西，后来变成《本事诗》里边的故事。这些出入都会很大。我还是想对徐总几十年来对我的工作尽到的编辑责任，对我所有的照顾表示感谢。

第二呢，就是一代有一代的学术，我们亲历过的学者，包括傅先生，包括我经历过朱东润先生，还有其他老一辈，可以说，一代一代人学术的面貌就不同，但是对于学术追求的精神，包括对人的态度，还有其他的许多的东西，都为我们接受，我们有责任传下去。我特别要说，年轻一代必须要明白，后一代的学术会比我们好得多。我最近给我的学生李猛的书写序，我说现在年轻一辈的学术是“呼啸而起、凌厉前行”，就是踩踏一切得往前走。我是觉得一代一代的学术是这样传承的。所以我愿意在今天徐总的报告中间，不是来评点你的东西，而是讲一些感想。我们也是一下子就到六七十了，后面还会做一些工作，但是也大致定型。所以也是希望你今后能够把未完成的工作有机会再做完。

徐俊：

谢谢陈老师。还有很重要的事要说一下，就是我跟傅杰老师的交集。我们什么时候最早见的，已经不知道了。但是傅老师有事找我，是二〇〇一年、二〇〇二年前后，傅老师找我说，能不能把周振甫先生《管锥编》的审稿意见，完整地整理出来交给《钱锺书研究》。

刚才我看到傅老师，想到这个事儿，所以我要补充说一点。在我入职文学编辑室之后，有两件东西，与傅老师有关，与复旦的王亮有关，与陈老师也有关。

在我们的档案里面我看到两件东西，对我影响非常大，非常震撼。第一件东西，就是周振甫先生的《管锥编》第一册的审稿意见，是大十六开的纸，密密麻麻的四十页。

周先生写字很小，又是一条一条写的意见，每一条意见前后左右空隙的地方都是钱先生批的。《管锥编》陆陆续续出了四册，后来订补，在我当主任的时候出了第五册，只有第一册有完整的审读意见。我们都知道钱锺书跟周先生之间的关系。但是当你看到那四十页、密密麻麻的对谈，真的是特别震撼。《东方时空》刚火的时候，周先生还上过《东方之子》，主持人问周先生，您这样做了一辈子编辑，不能成为一个真正的学者，遗憾吗？周先生说，中华书局给我编审就可以了，他就是这样，有点文不对题的答法。后来一九九五、九六年我开始跟风攒了第一台电脑，也学不会五笔，拼音打字普通话也不好。开始练电脑，我学电脑打字打的第一份文稿，就是周振甫先生的《管锥编》审读意见，包括钱先生的批注。

后来钱先生去世的时候，先发表了审稿报告的两篇，周先生去世以后，我们的《书品》就开始连载了五期意见，后来完整整理出来，交到了《钱锺书研究》集刊。

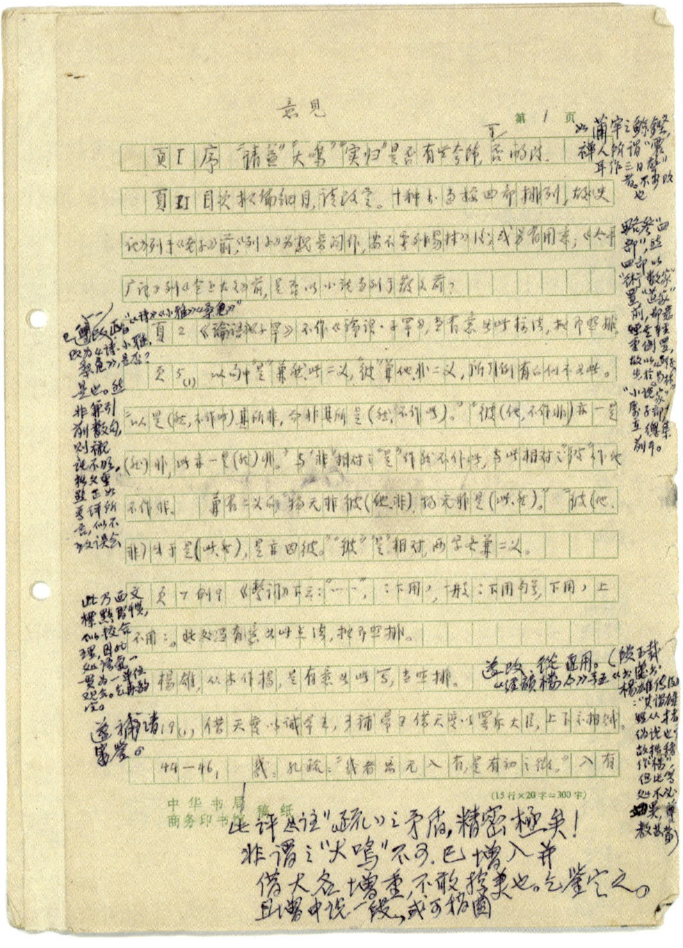

周振甫先生关于《管锥编》的审读意见及钱锺书先生批注

另外一个东西，就是王仲闻先生《全宋词》审稿笔记，这个审稿笔记更多，毛边纸几乎能从这个地方排这么高，每一页都是王仲闻先生写给唐圭璋先生的，一次一搭，一次订一册，某一个词人，某一首词见于哪里，这个词的小传有什么问题，编次有什么问题，全都有详细的意见。王仲闻的字写得非常好，我就觉得好多事情有特别的传统，当我看到王仲闻先生的字的时候，马上就能想到跟程毅中先生的字很像。当时程毅中、傅璇琮、沈玉成、徐调孚——就是当时我们《文史》的创始人——“文革”前在一个办公室上班。沈玉成先生曾经写过文章，说第一次看到王仲闻先生，他就跑到图书馆拿《观堂集林》，前面有个王国维的像，拿来看，说子之于父，就像明翻宋刻，唐临晋帖，长得太像了。《全宋词》的审稿意见是完整的三年时间，王仲闻帮着唐圭璋先生修订《全宋词》，留下来的往返记录，每一页、每一条都有唐圭璋先生的批语，当时我也觉得这个东西太珍贵了。而且王仲闻的《读词识小录》在“文革”当中散佚了，我读完那个审读意见就知道，他每一条意见可能都与他《识小录》有关。

然后说到复旦图书馆古籍部王亮博士，二〇〇六年前后的圣诞节，我第一次见到王亮。王亮后来把这个部分的档案重新排序，做了完整的扫描整理，陈老师写了一篇长文。王仲闻先生“文革”前是中华书局的临时工，他被打成“右派”以后就在街道，档案什么都找不到。王亮在北京他爷爷曾经工作过的地方一直找，最后在东直门的派出所找到了王仲闻的档案。然后说个人不能取，要机构写介绍信，才能把这个档案领走。后来是我们中华出的介绍信，把王仲闻先生的档案领回去，存在了我们书局的档案里面。

老先生们当时花的功夫，真不是一般的功夫，无论是编辑职业、还是奉献精神，在这两份档案里面是体现得最充分的，最让我有感受的。后来我在我们的文书档案里面，偶尔看到了六十年代《全宋词》的合同，在唐圭璋先生签名的一栏，唐先生亲自用毛笔写了“王仲闻订补”五个字，当时“右派”不能署名，《全宋词》繁体字本没有署王仲闻的名，后来一直到简体字本，我们也征得了唐先生的女儿的意见，因为曹济平先生也写文章提到过，唐先生是特别希望签上王仲闻的名的。

我说这两个例子呢，一方面因为是对我的触动非常大，另一方面就是老辈的工作楷模。

从另外一个角度来说，就是回应一下陈老师。其实作者和编辑之间的情谊、战斗友谊，我们古籍里面有所谓校雠，也有各种仇仇相对的情况，但确实有很多令人难忘的佳话。举这个例子是说一下，我跟陈老师之间的战斗友谊，不是我们俩人凭空来的，在我们这个行业里边，中华书局传统里面，都有这样的先例。又占了大家时间啊。

傅杰：

请陈引驰老师也说说吧。

陈引驰：

我从几位老师这里学到过很多了。陈老师可能不记得，但我文章里也是写过，我们第一次碰到，大概是我大二的时候，你还住在第一宿舍的时候，然后他上来就说，你读唐诗，知不知道《全唐诗话》怎么回事情，都是抄来的，你知道吗？我完全没有概念，一下就愣住了。可能就是讲到读不读唐诗之类的问题。所以陈老师这么多年一直给我很多的教育。

其实跟徐总后来有接触，比较晚，你那篇前言，就是你说五万字的大文章，那真是一篇大文章，因为我对这个印象极其深刻，之前我就跟我学生一直讲，这篇文章一定要读。这两年越来越热起来，那确实就是导夫先路。而且是非常实在、做过扎实基础工作以后的心得，真正是有创见、了不起的文章。你的书我当时第一时间买的，那篇文章我是非常认真读过。刚才也讲到第一讲荣新江教授讲的，当时傅杰发信息，我说要来，结果最后给忘了。其实我从荣老师身上也学到很多，接触不多，但我印象很深，只能讲两件事。

徐总说他帮你看过《敦煌诗集残卷辑考》，我当时是一九九一年在写博士论文之前，和斯坦福大学的杨继东，我

陈引驰教授分享与徐俊先生、陈尚君教授、荣新江教授的故事

们一起翻译《唐代变文》，翻译之后，那个稿子是荣新江帮我们整个看过，而且上面也有他的意见，包括译名。那个稿子不在我手边，我不知道杨继东那边留下来没有。那个时候我其实就是旁逸斜出瞎弄，但是印象很深。

还有一次是大概一九九五年，就是这个稿子译好之后，周一良先生写了个序，周先生在上面也有一些对我们的意见。到九五年的时候，我去北京，通过中国佛教文化研究所认识了李家正，李家正现在还在，我去送稿子，然后去约荣新江老师见一面，那天应该是礼拜六还是礼拜天，就跑到未名湖边上，当时很旧的一个院子，我搞不清可能是中古史中心那里，拉了一个灯挂在那儿，他埋头在那儿看书。我印象极深，学者真的是没有休息时候。所以只有如此投入工作才能做好。

然后我这里刚才知道，也非常高兴，尚君老师的《唐五代诗全编》的这个本子刚交了。这是一个了不起、可能是非常伟大的工程。

徐俊：

我最后呢，还要隆重地预告和推荐陈老师的新书，刚才讲了半天陈老师辑佚的、新编的。最近陈老师开的专栏很多。在我们《文史知识》开的“唐人佚诗考索”的专辑已经下场发印了，叫《唐人佚诗解读》。大家关注，我估计也就半个月后上市。

陈尚君：

啊，好快好快。因为明年我还有一款，也是《文史知识》的专栏，叫“我认识的唐朝诗人”，是两本书，都是二十四篇。就是说《文史知识》上两年每期都有，两年结一本小书。还是有一些新意，好玩。

傅杰：

陈老师写《我认识的唐代诗人》太没意思了，我更想知道哪个唐代诗人是他不认识的。他认识的唐朝人比现代人多。那么，徐俊先生今天跟我们讲的，因为我跟他同年，也是同届，所以可能特别亲切。我一九八三年本科毕业，都是七九级。那个时候中共元老陈云发了一个指示，因为很多老先生说中国经过“文革”，古书快没有人读得懂了，必须要加强古籍人才和研究人才的培养，结果这些意见反映到中央，当时陈云做了个批示。他的批示成为一个中央的红头文件，发到全国。

结果，我们中华是老牌，我们中华上编所，就是后来的上海古籍，也是老牌，但是老牌之外，一下子冒出来很多古籍出版社。现在江苏叫凤凰出版社的江苏古籍出版社，浙江古籍出版社，山东的齐鲁书社，湖南的岳麓书社，四川的巴蜀书社，等等，然后全国有条件的学校就建立古籍研究所，而且都是老先生主持。例如我后来考去读研究生的杭州大学古籍所由当时（一九八二年）已经八十一岁的姜亮夫先生组建，由姜先生亲任所长。

我是杭州大学古籍研究所第一届硕士研究生。一九八五年我研究生三年级的时候到北京，那个时候中华的编辑沈锡麟先生来杭州参加过古籍所所长会议，他是李一氓先生的秘书，到了北京我到中华买书，然后就找他。他说李先生跟他说要他注意一些做古籍的较有前途的青年，然后他说我要去李先生家，你一起去吧。当时把我吓了一跳，问合适吗？他说合适，我就跟着去了，没你那么好运气，没进李先生家的门。夏天在他那个四合院，老人家赤着膊，扇着大蒲扇跟我们聊天，但也算是见过李老了。

当时中华书局跟商务印书馆在一起，就是在刚才徐总讲的王府井的大灰楼。中华书局走的是高端的古籍整理路线，那个时候编辑编一部书、出一部书，都是要好多年的，我上过个大当。本科生的时候啊，我做了一篇毕业论文，把唐圭璋、夏承焘、俞平伯、胡云翼、刘永济等先生的唐宋词选本都收集起来，其实也很简单，找他们都选的词，然后挑他们不一样的注释，就翻《全唐诗》《全宋词》来找用例，再找一些工具书，看看哪个可能是对的，哪个可能是不对的。那

中华书局一九九七年告别王府井大街三十六号大楼时员工合影（二排右一为徐俊）

个时候看《全唐诗》《全宋词》，根本不管那个诗是写什么的，就找那个字，因为那个时候也没有检索。然后写成一个毕业论文，我读的是杭州师范学院，指导老师是樊维纲教授，樊先生做了补充，拿去给唐圭璋先生看，因为批评较多的是唐先生领衔的《唐宋词选注》，对它提的意见最多。唐先生不但不以为忤，还说由他推荐给《文学遗产》发表。但文章太长了，一万五千字，编辑部放到《文学遗产增刊》了。《增刊》是中华书局出的，等于就是到中华出了本书，那个太慢了，后来社科院文学所都不干了，把《增刊》转到山西去出了，我那个是第十七辑，就是中华出的最后一辑。结果山西的第十八辑都出来了，我的第十七辑还没有出来。

那时候本科生能在《文学遗产》发篇文章，还是中华书局出的，该多光荣？但是等到文章拿到了，我都不兴奋了，因为已经是八年以后了。那个时候中华的老编辑都很认认真真，兢兢业业，每条引文出处都给校核一遍，书又多是销量较小的专门著作，经济效益自然就差。而商务有《英汉词典》《现代汉语词典》，经济效益自然很好，我听徐总说过，一到节日商务发苹果，中华发萝卜。

徐总跟前面提到的，他原来的副手——中华的顾青总编辑，这十年当中让中华书局既保持了高端的古籍整理，也做了很多很好的普及读物，整个面貌已经彻底改变。所以他还是中国出版的领军人物和标杆人物。我原来在复旦中文系任教二十多年，近十年前复旦中文系设立了一个出版专业硕士点，以前由我负责，专业硕士要有学界导师，同时也要有业界导师，徐总、现在已调商务印书馆去担任执行董事的顾青都是我们聘请的业界导师。

现在出版确实跟老先生们那个时代不一样了，老先生们可能一年就做几万字，但是给你每一条材料都对过。那个时候也没有压力。我在出版专业大概还会给他们每年做第一次的讲座，我还会举到这个例子，就是我们现在做出版的话，年轻人的心态是——其实不光是做出版，做哪个都一样——到你这里来，最好是相对轻松一点，青年人压力也很大，上有老下有小，你还得教孩子、管孩子功课，要是经济条件再不好，他确实就是人心浮动，所以最好工作轻松一点，钱多一点。如果不符合这两个条件，钱又不多，你给我工作压力又大的话，有稍微好一点的地方，我就换一个，这也很正常，换了以后不行我再换一个。我总说每一代人有每一代人的命，像徐总那个时候，哪怕他有意见，他也没地方换，哪能随便换工作的？然后这个稿子压给你了，陈老师这种讨厌的人，这么麻烦的书稿《全唐诗补编》《全唐文补编》给他了，还好中华有《敦煌宝藏》。连上海都没有，陈老师要到杭州大学去看。因为杭州大学是敦煌学重镇，有姜亮夫先生、蒋礼鸿先生、郭在贻先生以及我后来的同学张涌泉、黄征等，所以我们买敦煌卷子的缩微胶卷，还买了一些港台版的敦煌学著作。

徐总要拿《敦煌宝藏》这样一册一册全部看，然后还要从单位背回家，这种功夫现在的年轻人往往做不到。如果有可能，他大概率地会逃避做这样的苦力，也就不可能做到刚才徐总说的要有一口深井打下去，也就不容易成为一个顶尖的好编辑，更没有希望成为这个领域里顶尖的专家。

但是像徐总这样一口井掘下去了，可以晚上跟陈老师一样，天天弄到两三点。那个时候其实陈老师也没有学校里现在这种压力，而那个时候其实他要偷点懒的话，也是完全可以的，但那样就不可能是今天的陈老师了，所以任何东西都是有代价的。

上次来讲座的是荣新江老师，荣老师跟徐老师也是很好的朋友，所以哪怕荣老师在巴黎待一天，徐总也可以托荣老师去查个卷子。对荣老师来说，我相信他也一定愿意给徐老师去查卷子，因为那个卷子他本来也没看过，然后徐老师有这样的发现之后，荣老师作为敦煌学权威，他掌握的信息也就更全面了。说这个的意思是，在年轻的时候，包括陈老师、徐总在内，我们都吃过很多苦，条件都没有现在的年轻人好。但是条件再好，有些功夫大概还是得一步一步地下，而在下功夫当中，一定是要吃很多苦的。不吃苦，不管辅助手段到什么地步，你一定是不能成才的。我想徐总、陈老师都给我们树立了这样的榜样。

今天我不开放提问了，徐总太忙，要管的事情太多，认识他这么多年，我都不跟他加微信。他各种事务太多，前几天一直在深圳参加中国出版集团的活动，昨天晚上他所以来上海，是因为中华书局新出了一本书，上海嘉定的名人、清代最顶尖的学术大师钱大昕的《年谱长编》。明天一早要在嘉定开研讨会，也正是因为要我去参加这个会，正好我们要做这个节目，我就把徐总“绑架”了。现在已经九点了，徐总、尚君老师和我还要一起去嘉定。不过最后还要透露一下，据徐总的身份证信息今天还是徐总的生日。

徐俊：

假的假的，其实那是农历的生日。

陈尚君：

不管是真的假的，以你身份证为准。

徐俊：

生日祝福第一个发给我的是工商银行，第二个是国航凤凰知音。

傅杰：

所以志达书店的小伙伴们特意准备了蛋糕和鲜花。

徐俊先生接受在场好友及现场听众的生日祝福

徐俊：

从来没有遇到过这样隆重的生日，尽管是假的。我们去唱歌，就唱欲穷千里目。

听众：

祝你生日快乐，祝你生日快乐……

傅杰：

谢谢徐总，也谢谢大家。上一次是荣老师，这一次是徐总，咱们下一次也许接着这个主题请陈尚君老师，但是也可能换换口味。敬请大家期待。

千秋若對面
万里心合情
李杜问
庚子十月
徐俊

第三讲　陈思和

好书是可以读一辈子的

陈思和

复旦大学文科资深教授、复旦大学校务委员会委员、复旦大学学术委员会委员、复旦大学图书馆馆长，教育部长江学者特聘教授；兼任上海市作家协会副主席，中国现代文学学会副会长，中国当代文学学会副会长。

著有《中国现当代文学名篇十五讲》《中国当代文学关键词十讲》《中国新文学整体观》《新文学整体观续编》《人格的发展——巴金传》《从鲁迅到巴金——陈思和人文学术演讲录》等，主编有《中国当代文学史教程》等。部分论著编为《思和文存》三卷与《陈思和文集》七卷。

傅杰：

前两次，我们借用两位名学者路过上海的机会，请到了北大的荣新江教授和中华书局的执行董事徐俊先生。现在天气转冷，来上海的学者也少了。而悦悦图书公司旗下的志达书店，因为在复旦边上，我们办这个讲座有天然的优势，就是可以充分利用复旦的资源。今天就动用我们自己的资源，就请来了中文系的陈思和老师。

我看在座有我们复旦毕业的博士，在读的硕博士，还有本科生。思和老师对复旦的同学来说不用介绍，但今天收看我们节目的还有很多其他朋友，我还是要做一个简单的介绍。

思和老师是中国现当代文学的权威，年轻时候就成名了，到现在几十年，做出了多方面的贡献。他特别着力于从巴金、胡风等作家生平研究到以鲁迅为代表的新文学传统研究，从研究中国二十世纪文学史出发，提出了“民间文化形态”“潜在写作”等概念，产生了很重要的影响，著作获奖无数。对一般同学特别有意义的，比如《中国现当代文学名篇十五讲》，在北京大学出版社出的。这本书我一直推荐爱好现代文学的同学去读一读。书里边对周作人分析的深刻、对冯至诗歌意蕴的挖掘，以及对《雷雨》分析的那种细致，读了足以增进我们对现代文学的认识。

我一九九七年从复旦大学中文博士后出站，留在中文系

傅杰教授介绍陈思和教授

正式工作。二〇〇一年思和老师出任系主任，拉着当时还是青年教师的我当副手。系主任一届应该是四年，但是学校让他两届当了十一年多，差不多等于是三届，我也一直做副系主任。

我讲三个小故事吧。

第一个故事：有一次，思和老师的好朋友、北京大学的孟华教授来上海。思和老师、我跟孟华老师一起吃饭，席间思和老师说，他学生给他买了个计步器，有一天，他在家里埋头写作，除了上厕所几乎没什么走动，看了一下计步器只走了八十几步。孟华老师比思和老师年长，又生性爽直，她当场就说，你要这样缺乏锻炼，用这种方式工作，你会早死。我讲这个故事的意思是，一个实实在在成名的教授，都不是随便成名的，思和老师成了大名之后还是这样用功。

第二个故事：思和老师兼职很多，我们讲座的广告上大家都看到了，海报上我还没写全。他当系主任的时候还兼任《上海文学》杂志的主编。《上海文学》是月刊，每个月要登出来的文章，他都要审看。就在这样一个工作节奏下，他还能保证差不多每年出一本论文集，我们其他人平时也很忙，可能几年都写不出一篇论文。有一年正逢南京大学中文系成立九十周年，我跟他一起代表复旦去参加庆典。思和老师很为对方着想，说南大中文系是自己出钱请我们，我们就两个人住一间吧，给他们省点钱。当然我要说的不是这个事，到晚上九点来钟的时候，陈老师就跟我说："你可以继续看书，我是早睡早起的。"第二天早上五点多钟，我朦胧中发现他已经在灯下写作了。所以思和老师现在当学校图书馆馆长，很忙，那肯定是要早出晚归的，而他依然笔耕不辍，我猜他依然保持着他的习惯。

第三个故事：就是思和老师当系主任不久，就在系里提出，中文系的学生往往上到天文，下到地理，没有什么是他们不知道的，你不往深里问，他好像什么都能讲得头头是道；但是容易浮，中文系学生不像外语那样要背单词，不像历史那样要背年表，不像哲学要做逻辑训练，真正问下去，可能发现他什么书都不一定有过一个坚实的训练基础。所以思和老师在中文系推广了精读课，后来开出来一系列，包括我的《论语》精读，陈引驰教授的《庄子》精读，陈正宏教授的《史记》精读，骆玉明教授的《世说新语》精读，一直到现当代文学以及语言学都有一系列的精读课，如郜元宝教授的《鲁迅精读》等。这改变了中文系的学风，后来获得了教育部教学一等奖，也在全国产生了相当的影响。

所以讲这几个故事，是因为可以从侧面让大家约略了解思和老师在读书治学方面的一些特点。下面我们还是欢迎思和老师自己给我们传授他的读书经验。

曾担任过复旦大学中文系系主任的陈允吉、陈思和、陈尚君教授合影（右起依次为陈思和、陈允吉、陈尚君）

陈思和：

大家好！傅杰的命令我不敢不听，所以我还是遵命来了。现场看到这两本书，我不由心中一喜。《中国现当代文学名篇十五讲》这本书差不多是二十年以前写的，当时是北大中文系主任温儒敏先生约的稿。我读书是很认真的，写书也很认真。这个书该怎么写呢？为此我就在复旦大学开了一门同名的课。结果一个学期下来，差不多只讲了七篇，于是第二个学期，我先订了一个大纲，从最后一篇倒过来讲，这样用两个学期上完了这门课。这门课前后开了三次，反反复复一共讲了三年。

大家知道，现当代文学，相较于古代文学和外国文学，只要识字的人都看得懂，似乎没有什么好讲的。我就从文本中找问题，不断地跟同学们交流，过程中同学们也提出了很多新的问题。这门课差不多一半的上课时间是请学生们上台讲的，讲对这本书的体会以及心中不解的问题，最后由我来总结、回答。经过三年六个学期的反复细读，我才慢慢把这门课弄清楚，才明白我应该写点什么，最终出了这本《中国现当代文学名篇十五讲》。

写这本书对我自己是一个很大的提升。某种意义上说，不是我在教学生，而是我从学生们的大量问题中得到了启发。而我今天要讲的第一个故事，就从这里讲起。

读书是要交流的

老师和学生的交流过程，不是“我教你听”的关系，而是双方共同读一本书。一个人关起门来读，不一定能读得很深刻。老师与学生之间，或者朋友与朋友之间，在讨论之中共同读一本书，交流自己读书时的问题和心得，从而慢慢提升，也会产生一些新的想法。我觉得，这是读书的一个好方法，也是最得益的一个方法。所以，读书是要交流的。

这里举一个例子，讨论曹禺的《雷雨》。

讲《雷雨》我们通常比较喜欢讲的是繁漪，因为这个人物足够复杂，她的人生经历、精神状况等都可以结合时代背景展开分析。但有一次，三年来一直听我这门课的一个学生提问：“陈老师，你每次都在讲繁漪，我想请你讲讲鲁妈这个人。”从表面来看，鲁妈没什么可讲的，她情况很简单，形象也很单纯，所以当时我就被他问住了。

《中国现当代文学名篇十五讲》
北京大学出版社二〇〇三年版

看过《中国现当代文学名篇十五讲》这本书的人知道，我在书里主要讲的是鲁妈，强调鲁妈和周朴园之间曾经是有真爱的，有过很美满的生活，只是被周家

陈思和教授分享读书经验

的父母因为封建门第的原因拆散了。针对这一点，那个学生就问："周朴园与鲁妈之间的关系是一种'曾经沧海难为水'的关系吗？"鲁妈，曾经的梅侍萍，不是一个被周朴园始乱终弃的被动的人。她与周朴园曾经同居三年，生下两个孩子，有独立的房间……从这些细节可以看出她在周家是有一定地位的。

她与周朴园的关系之所以破裂，剧本提供的线索是，当时周朴园要娶一个有钱的女人做太太，于是与周朴园门不当户不对的梅侍萍就走了。从我们今天的眼光来看，周家一定要把这个门不当户不对的仆人的女儿赶走，才可能把一个有钱的女人娶进门。但其实在那个时代，一八九几年的时候，身为仆人的女儿，梅侍萍留下作为妾也是可以好好留在周朴园身边的。更何况她生了两个孩子。而她之所以决意要走，就说明她不愿意为妾，不愿意与其他人分享自己的丈夫，她要的是一个完整的周朴园。梅侍萍对自己的爱情有一种“宁为玉碎，不为瓦全”的态度，有自己的标准和追求，没有委曲求全。在与周朴园的关系里，她是一个高尚的人。

当时课上有一个学生就反问：“如果她对爱情有高的标准，她怎么会去嫁给鲁贵这样的一个人？”因为剧里的鲁贵是一个很不堪的人，一个有点无耻的小人。我当时一下子被问住了，答应学生下次课讲，回去反复思考，结果在下一次课之前就想明白了：其实鲁妈是一个很复杂的人物，不只是大家认为的那个逆来顺受的女人，而是个非常典型的中国传统女性——有自己对人生很高的标准和追求，同时又有一种很大的自我牺牲的能量。

在第一段婚姻里，鲁妈，也就是梅侍萍是一个出身低贱却勇敢跨越了阶级门槛的人。她与高贵的少爷两情相悦，成功结合，并且共度了至少三年的美好时光，留下了足以让她珍藏三十多年的温馨回忆。但这个对于爱情有自己追求的刚烈的女人，也给这段故事主动写下了悲剧的结尾。

在第二段婚姻里，她嫁给了鲁贵，成了鲁妈。两段婚姻之间有一段时间差，可能她在外历经种种坎坷，我们不得而知，事实是她最后选择嫁给了鲁贵。剧本里的鲁贵是一个庸俗的小人，但他对于自己的家庭是容忍的，对自己的子女是十分尽责的，想尽办法为每个子女谋得了生计。在那个时代，鲁妈为了子女的发展，宁可在自己的爱情上做出很大牺牲，哪怕是嫁给一个很不堪的男人。当然这种爱情上的牺牲，后来也造成鲁妈精神上很大的折磨，最后导致她跟鲁贵分开生活。

如果鲁妈第一次婚姻的失败是由于她个人对爱情的完整追求，那么她的第二次婚姻可以说导致了她更大的爱和更大的牺牲。更大的爱，就是她对子女的爱。她对第二段婚姻的选择，其实否定了她在第一段婚姻里的追求，她为了比爱情更大的母爱，选择了牺牲个人的爱情。

说鲁妈身上的能量，还要说到她人生中一个更大的难关——发现自己女儿和自己儿子之间发生恋情，而且已经有了孩子。这样一个关乎“犯天条”的巨大难题，超越了这个母亲个人的解答能力。这个时候的她该怎么办？作为唯一一个知道这个秘密的人，鲁妈最后很坦然地向上天祈求，求上天放过她的两个孩子，说孩子们有权利得到幸福，而一切罪过都由她来承担。

鲁妈对着上天的一大段独白，是一种莎士比亚式的独白，特别庄严，那一刻鲁妈的精神形象无比高大。在那个时代，面对命运，鲁妈身上抗争与自我牺牲的巨大能量，是古希腊神话里的英雄身上才有的。对鲁妈来说，当她的血亲关

陈思和教授分享读书经验

系和所谓的天理发生了冲突的时候，她不是遵照天理去规制人欲，而是毅然站到人欲的一边，甘愿自身承担天理的惩罚。鲁妈在人生道路上历经坎坷，受尽苦难，可是对她来说，没有走不过去的路，没有闯不过去的关。她弱小卑微，是一个被侮辱、被伤害的形象，却在精神上达到了制高点。

鲁妈这个人物，我们一般认为比较简单，似乎没什么好讲的。而这些新的发现和感受，就是我在和学生们的不断讨论中产生出来的。所以，后来我专门写了一篇解读鲁妈的文章补在了《中国现当代文学名篇十五讲》里。

要相信绝对文本的存在

讲这些，可能有人就会问这样的文本解读有必要吗？《雷雨》不就是一个虚构的作品吗？虚构出来的故事做这样的文本解读有什么意义呢？这就涉及文艺理论的问题，也是阅读上的问题。

在我看来，我们读书有三种类型：第一种读书，读的是学习知识或技能的书，比如教材，这种阅读是有一套方法的；第二种读书，就是我们休闲时候随便拿点东西来读读，这种休闲阅读是很轻松的；第三种读书，才是我要说的专业阅读。专业阅读是和我们的专业相关的。像我阅读某一本书是为了我的思考、我的研究。

为了做文学研究而阅读，我就会坚定地相信，这个文学作品是有一个绝对文本的。怎么去理解呢？当你面对任何一个艺术作品的时候，你会相信，这个艺术作品的背后一定有一个作为样板存在的绝对的艺术。

以《红楼梦》为例，无数人在研究，直到现在还有人在争论我们看到的结局究竟是否出自曹雪芹本人之手；还有很多人曾尝试续写，为这部名著虚构出了很多不同的结局。他们为什么这么做？因为大家都相信，《红楼梦》有一个绝对文本，一个不容任何人置疑的文本。虽然事实上是没有的，但研究者把它作为一个研究对象的时候，一定要相信，它存在一个完美无缺的绝对文本。

再比如一个作家写一部作品的开头，觉得写得不好，重新写一个开头，不满意再重新写一个开头……据说托尔斯泰写《复活》就曾经写了二十个开头，他的博物馆里还存放着他当时的这些不同开头的手稿。为什么托尔斯泰要一遍一遍地写开头？他的心中有一个最完美的开头——最好的开头一定是那个样子的。

作家相信，一部小说应该有一种最好的写法，可以达到不容改动一个字的那种完美。即便做不到，他也希望自己所写出的能无限接近那个理想的模本。我们做评论和研究的人也是一样，必须相信一个文学作品有一个最美好、最完整、不容改动的绝对文本。其实，研究者解读一个文学作品，就是解读眼前呈现的文本与它应该有的那个模本之间的差距，通过这个差距就能推出接近那个绝对文本的某一种可能性。

所以，当我们在解读文学作品的时候，一定不能抱一种虚无的态度去解读，不能一开始就认为它不值得研究。文学作品是虚构的，但我们要相信，虚构的背后是有一个真实的东西作为依托的。如果一个文学作品没有绝对真实的依托，作品表现出来就没有可信度，也就没有被研究的价值。

当我理解了这一点后，突然就理解了以前我们文艺理论中的一个概念。过去讲文学作品要达到两个真实，一个是生活的真实，也就是细节的真实。还有一个真实是生活背后的真实——艺术的真实。什么叫做艺术的真实？当时只是解释说，艺术真实比生活真实要更高、更集中、更典型。那么，什么是更高、更集中、更典型呢？现在来看，就是你所相信的一个文学作品背后存在的那个更绝对的完美模本。

每次重读都能读出新的感受

桌上另外一本《中国文学课》是今年刚出的，这本书的出版缘于去年喜马拉雅让我做一个关于有声课的尝试。当时我想，复旦很难考，但喜欢文学的人很多，如果能让校外的其他学生等更多的人也能分享复旦的课程资源，这是件好事。于是就和我们复旦中文系几位老师一起参与了这门课。

《中国文学课》
四川人民出版社二〇二〇年版

这次参与让我有机会再一次返回到了解读文本的环境中，获得了很深的体会。而我的体会主要就在于重读——重读也是一种经验。现代文学，我已经读了无数遍了，可以说太熟悉了，但如果重读足够认真，把心放进去，每次重读都能读出新的感受。

这其中有一个时间因素。二十年后阅读的我比二十年前阅读的我多活了二十年，这二十年里许许多多的人生经验和感受就自然而然放到了阅读当中。一个人自己可能并不会觉得，但四十岁阅读和二十岁阅读肯定是不一样的，彼时感受深刻的地方，此时可能就觉得很平淡了；当然，四十岁时觉得毫无趣味的地方，可能六十岁时再读就会觉得很有味道。这就是说，不同年龄、不同生活经验，对解读文学作品会产生不同的效果。

所以也建议在座的年轻人，对于你们喜欢的好作品，读完之后可以再放一放，若干年之后再拿出来重读，会有不一样的体会，那时内心就会产生一种无法形容的快乐。

对此，我结合这本《中国文学课》里的最后一讲谈谈自己的体会。按照这本书的篇章编排，最后一讲是文学作品中关于人的晚年对人生的反省。我选了一部可以说我已经读了三十多年的作品——巴金的《随想录》。

《随想录》是巴金从七十四岁到八十二岁写成的。刚开始写时，他的身体还很好，写作的八年时间里他经历了摔跤骨折、帕金森病、重病住院等，到最后连笔也握不动、字也写不动了，整个写作过程是非常辛苦的。写完之后没过多久他就住院了，只能通过口述来写一些文章，一直到最后完全不能再写作。

因此，《随想录》是巴金晚年最重要的一部作品，甚至可以说是他耗尽自己的生命才写出来的。

《随想录》刚发表我就开始解读，当时和大部分人一样，是从字面上解读的，认为巴金在这部作品里主要就是通过自我忏悔来反思“文革”。《随想录》里还有巴金先生的很多反反复复的抱怨，比如，他心里有很多话想表达，但提笔写字实在困难等。仅仅作为一个读者去读这些话，可能不免会觉得这个老人有点“矫情”——他明明可以选择不写的。

《随想录（第一集・一九七九）》
生活・读书・新知三联书店香港分店一九七九年版

十几年之后，我在编《中国当代文学史教程》的时候，又一次通读了这部作品。那时感受就很不一样了，可能是因为我自己成长了，对历史的理解也在编写文学史的过程中变得更全面和深刻了。尤其是在编写八十年代文学的历史时，我突然发现，巴金的《随想录》并不完全是在反思“文革”，那只是最表面、最清晰的一个意义层，都是在回应他写作当时的许多现实问题和思想斗争。当历史已经翻过去了，当时的社会问题也过去了，所以现在的年轻人可能很难读懂《随想录》。回过头去看，其实八十年代是一个很值得怀念的时代。传统和改革开放两种思想发生着激烈的冲突。

《中国当代文学史教程（第二版）》
复旦大学出版社二〇〇五年版

对于八年写作历程中的一些社会现象和社会问题，巴金在《随想录》里都有回应和回答。这本书一百五十多篇文章里大概有三分之一是在回答当时社会上和文学界的问题，可以说巴金的《随想录》算得上是当时社会的一部“百科全书”，尽管巴金先生写得非常含蓄。态度也是含混的，但作为当时国内德高望重的作家，他通过作品表达出的态度是自有其分量在的。

去年为了做喜马拉雅的这个有声课，我再一次重读巴金

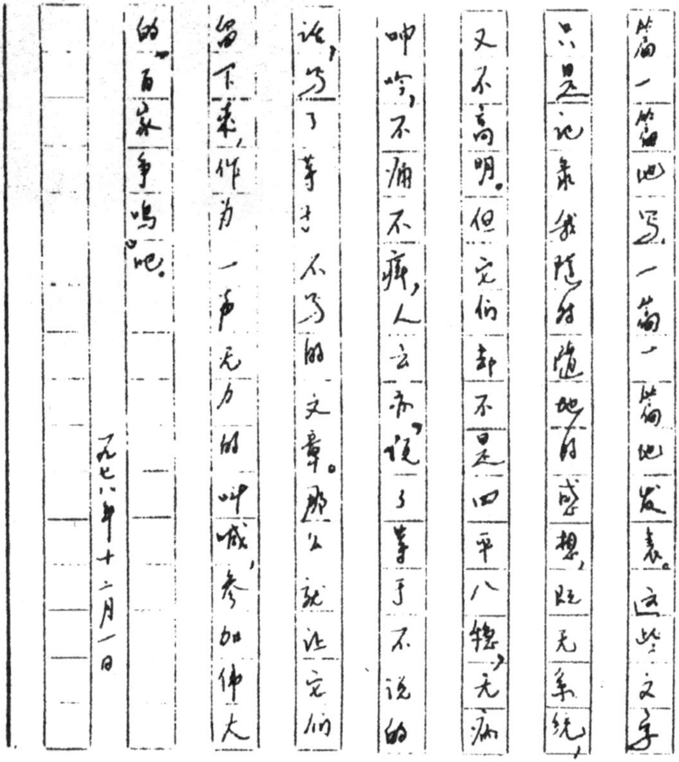

篇一篇地写，一篇一篇地发表。这些文字只是记录我随时随地的感想，既无系统，又不高明。但它们都不是四平八稳，无病呻吟，不痛不痒，人云亦云，说了等于不说的话，写了等于不写的文章。那么就让它们留下来，作为一声无力的叫喊，参加伟大的百家争鸣吧。

一九七八年十二月一日

巴金先生《随想录》手稿

总序

巴金

一

我年过七十，工作的时间不会多了。在林彪和"四人帮"横行的时候，我被剥夺了整整十年的大好时光，说是要夺回来，但办得到办不到，並没有把握。我不想多说空话，多说大话。我愿意一点一滴地做点实在事情，留点痕迹。我先从容易办到的做起。我准备写一本小书：随想录。我一的《随想录》，尽管距离初次阅读已经过去三十多年了，读的时候却又有一番新的触动。当读到巴老对提笔写字多么困难的描述，我的眼前就浮现出老先生无奈的状态。于是我又在想：他为什么写那些？他为什么在提不动笔的状况下还怀着很大的动力想要写？他为什么写不出来就会那么痛苦？……

有一次，我在读巴金生前没能完成的《再思录》，里面有一篇文章讲，他在杭州疗养，外孙女在上海收到了出版社新寄来的两卷《巴金全集》，外孙女就从上海带去了杭州给外公。巴金把这两卷书送给了外孙女，送出时在扉页上写了四千字的题记。那时的巴金写一个字都很困难，却花费好几天时间写了个这么多字的题记，向完全不懂这些书的外孙女表达他赠送的理由。题记里他告诉外孙女，杭州是那么美丽，西湖是我六十年来一个美丽的梦……讲了很多关于杭州的事情。

读时我首先觉得很感动，这样一个老人——当时巴金已经九十多岁了——身体有那么多病，可是他还那么认真地写了四千多个字；其次又觉得很奇怪，题记里很多内容都是和外孙女毫无关系的。

后来，我才想明白，当时他的心里一定有很多东西想要讲出来。巴金在《随想录》里多次提到“要讲真话”，表面上看是在呼吁大家讲真话，其实这也是他对自我的一个告

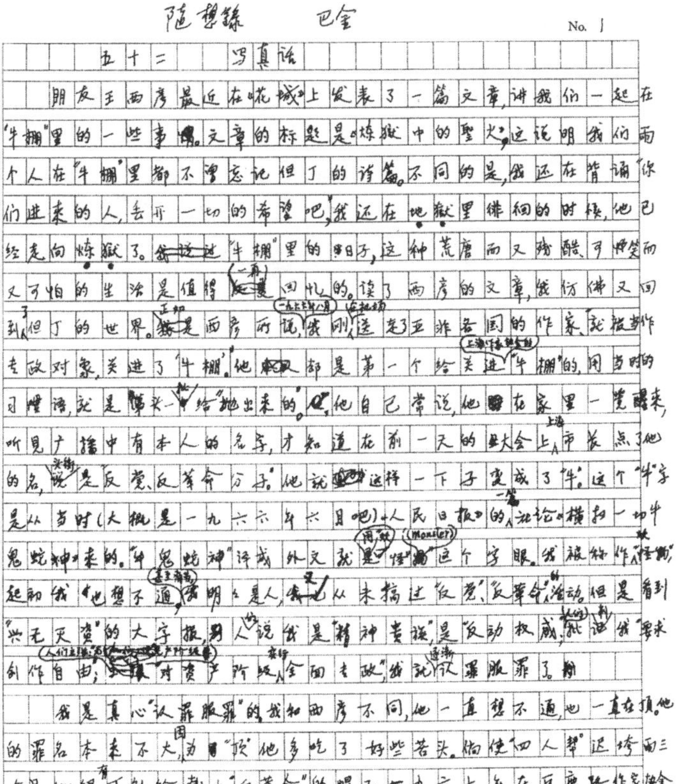

随想录　巴金

No. 1

五十二　写真话

朋友王西彦最近在《花城》上发表了一篇文章，讲我们一起在“牛棚”里的一些事情。文章的标题是《炼狱中的圣火》，这说明我们两个人在“牛棚”里都不曾忘记但丁的诗篇。不同的是，我还在背诵“你们进来的人，丢开一切的希望吧”，我还在地狱里徘徊的时候，他已经走向炼狱了。“牛棚”里的日子，这种荒唐而又残酷、可笑而又可怕的生活是值得一再回忆的。读了西彦的文章，我仿佛又回到了但丁的世界。正如西彦所说，我刚在一九六六年八月送走了亚非各国的作家，就被当作专政对象关进了“牛棚”。他却是第一个给关进“牛棚”的上海作家协会会员，用当时的习惯语，就是第一个给“揪出来的”。他自己常说，他在家里一觉醒来，听见广播中有本人的名字，才知道在前一天的大会上上海市长点了他的名，说他是反党、反革命分子。他就这样一下子变成了“牛”。这个“牛”字是从当时（大概是一九六六年六月吧）《人民日报》的一篇社论《横扫一切牛鬼蛇神》来的。“牛鬼蛇神”译成外文就是“怪物”(monster)这个字眼。我被称作“妖怪”，起初我也想不通，明明是人，我也从未搞过反党、反革命的活动。但是看到“兴无灭资”的大字报，别人说我是“精神贵族”，是“反动权威”，批评我“要求创作自由”，人们主张对资产阶级全面专政，我就逐渐认罪服罪了。

我是真心“认罪服罪”的。我和西彦不同，他一直想不通，也一直在顶。他的罪名本来不大，因为“顶”他多吃了好些苦头。倘使“四人帮”迟垮两三个月，他很有可能给戴上“反革命”的帽子。一九六七年在巨鹿路作家协会

我的稿纸（横直兩用）20×25＝500　香港上海书局监製

巴金先生《随想录》手稿

诚，时刻告诉自己要讲真话，但他没有讲出来。如果他真的讲出来了，就不会有这种反复和纠结了。关于杭州的文章，在《随想录》里有三篇，算上这篇题记就是四篇了。巴金一次次讲西湖，讲六十年前的梦，究竟是在讲什么呢？后来我想到了。

巴金一九二九年从法国回来，那时他还不是文学家，只是一个信仰安那其主义的革命者。无政府主义，当时叫安那其主义，巴金去法国以前就是安那其主义者，搞社会运动，宣传安那其理论，他去法国后也加入了很多国际上的安那其活动。

一九二七年，巴金还在法国，国内北伐统一，当时发生了一件大事情，大家都知道，所谓“清党”大屠杀。在这个大屠杀过程当中，只要不是国民党的革命运动都被镇压下去了，包括安那其运动。所以一九二七年以后，安那其基本上被镇压了，消失了。回国后的巴金已经找不到自己的革命组织了，他很受刺激，连续写了很多小说，包括爱情三部曲《雾》《雨》《电》等。后来他作为一个作家成名了，但这对他来说是一个“无心插柳柳成荫”的结果，他的理想其实还是安那其，这个理想他一直到晚年还纠缠着。巴金曾在他晚年的一个采访中提到，作家是自己走错的一条路，他更想做一些实际工作，希望为中国、为人类多做点事情，而做文学是没用的。所以，巴金的一生充满了失败感，这种失败感的

《家》
开明书店一九三七年版

《憩园》
文化生活出版社一九四四年版

来源就是他早年的理想和信仰。也正因为如此，别人越是赞誉他为文坛巨星，他的内心就越痛苦，觉得自己离理想更远了。可以说，巴金的前半生就一直处在这样一种矛盾的痛苦当中。巴金的小说经常会说我痛苦，我要呼喊，我的感情没有发泄，等等，就是因为当时他的理想没有实现。他的这个心结一直到晚年都没有解开。

我觉得，他是一直想要把这个心结写出来的，但他没有写出来。他的理想和信仰，他一直没有忘，非但没有忘，反而深深地存在于心底，时时呼之欲出。

在《随想录》的最后，巴金终于写到了一点与他理想相关的事。在第一百四十七篇里，他怀念一个信仰安那其主义的友人叫叶非英。在这篇回忆文章里，他说这些人我不知道该用什么语言去概括他们，称呼他们。最后终于找到了一个词——“理想主义者”。这就把巴金的理想、理想主义、信仰几个概念都串了起来。有了“理想主义者”这个概念，巴金就开始写他无政府主义的朋友们了。在《随想录》之后的《再思录》里，好几篇文章都是关于他的无政府主义者朋友的，尽管没写几篇他就没有能力再写下去了。

巴金《随想录》以后的一本书《再思录》是我帮他编的，编完觉得太薄了，就建议有一个序。巴金通过口述的方

陈思和教授与作家李辉拜访巴金先生时留影（左起依次为巴金、李辉、陈思和）

式，让女儿李小林记录下来。这个序很短，但写得很好，序里说到："躺在病床上，无法拿笔，讲话无声，似乎前途渺茫。听着柴可夫斯基的第四交响乐，想起他的话，他说过：'如果你在自己身上找不到欢乐，你就到人民中去吧，你会相信在苦难的生活中仍然存在着欢乐。'……"因为序里引用了柴可夫斯基的一段话，李小林说要再去核对一下。第二天她告诉我，巴老口述的这段话和书上的原文几乎是一字不差的，就只有"假若"和"如果"一个词的差别，这说明巴金已经把这句话深深地刻在自己的心里。

巴金当年躺在病床上，在已经接近生命终点的时候，他脑子里一直盘旋着这段话。你再痛苦，你要想想社会底层的那些人，他们是欢乐的。这是非常了不起的。"五四"时期的知识分子，对于底层人民采取的一般是启蒙的态度，往往站在比底层人民要高的立场上同情底层人民，觉得底层人民是痛苦的。但柴可夫斯基这句话强调的是，比你苦的底层人民也有欢乐。巴金在生命的最后，看到的是最底层的人民——哪怕他们一无所有、饥寒交迫、无可奈何，可他们是有欢乐的，他们的生命是蓬勃向上的。

巴金的理想和信仰不仅放在自己的心里，也放在广大底层人民身上，他相信即使自己不在了，人民永远在前进，永远有希望。

读出这些的时候，我突然感到，我读懂巴金了。他的

《巴金的魅力》(《陈思和文集》之一种)
广东人民出版社二〇一七年版

《随想录》还有一个深深藏在文字底下的第三个意义层，就是一种精神——对自身理想失而复得的信念。

一个人回顾人生，总归会有遗憾，有无法践行的诺言或理想，这些想法越是到一个人生命接近结束的时候，越是变得强烈。巴金晚年的文字，体现了他很真实的内心。

这是我最近一次读《随想录》的体会，也许再过十年我还要读。至少读到今天，我觉得我对《随想录》的理解是不一样的，每一次不一样的理解都伴随着时间的变化，伴随着我生命的流逝。这些感受和想法，二三十岁的时候怎么可能会有呢?

我觉得人选书就像交朋友，我们有一年的朋友，十年的朋友……还有终身的好朋友。有的书就像终身的好朋友，也不需要天天陪着你，但要保持每过几年有一次“交往”和“相聚”——重读，在这个过程中，也许你的精神会因为这个“朋友”的存在而提升。

所以，好书是可以读一辈子的。

傅杰：

在座各位在陈老师眼里当然都是年轻人，但其实还是有很多不同年龄层的朋友，我也希望各个年龄层的朋友，都能利用这个机会跟陈老师交流。

听众一：

前段时间，我正好接触到“无政府主义”这个名词，以前都不了解，但前段时间看到互助会做的很多事情之后，我觉得他们正像您刚才讲的是理想主义者。我想请问，您是怎么看巴老这个无政府主义者，或者说他的这个信仰的？

陈思和：

这个说起来比较复杂。无政府主义是“五四”前传到中国来的，本身有很多流派，主流在俄国和法国。无政府主义也是国际社会主义运动中的一个思潮，但它跟马克思的共产主义不一样，是“无政府共产主义”，即“安那其主义”。“安那其”原文为 Anarchy，意思是无统治。这样的一个理想其实就是乌托邦理想。

无政府主义的各个流派有很多解释。巴金信仰的一个解释，来自当时俄国一个理论家克鲁泡特金，巴金这个“金”就是从克鲁泡特金那儿来的，他比较崇拜克鲁泡特金，所以取笔名的时候就用了一个“金”字。克鲁泡特金曾经是一个地理学家，他提出了一个理论，叫互助论。达尔文不是研究人类进化吗？进化是一个竞争的概念，优胜劣汰、物竞天择，就是说在各种种族发展的过程当中，优秀的种族就生存下来了，那些比较差的种族就淘汰了，优秀的就继续不断地向前发展、进化。克鲁泡特金的理论跟达尔文的理论是相补充的。克鲁泡特金认为优秀的种族会进步，不优秀的种族会淘汰，不完全是竞争的结果。在他的理论解释里有很多生物学的考察，他发现凡是进化的物种，一定是团结、互助的。有些动物看起来很弱小，比如蚂蚁、蜜蜂、候鸟，这些都是很弱小的动物，可它们是群居生活的，个体跟个体之间互相帮助、互相依靠，就会慢慢发展。用我们的说法，就是“团结就是力量”。靠团结、靠互助，这个种族就会不断地发展。那些孤独的、单个的动物，哪怕它再巨大再强壮，也要被淘汰。

克鲁泡特金以此推导，认为人类的进化不仅是竞争促成的，还需要人类内部的互相帮助。他认为人的本性是高尚的，有一种自我牺牲、互相帮助的道德本能。人发扬这种本能，这个社会就会发展起来。所以，人有能力来管好自己。这就是克鲁泡特金的理论，属于无政府共产主义，它的理想跟马克思主义提出的人类社会最终达到一个各尽所能、按需分配的理想比较接近。但它不主张通过阶级斗争实现社会发展，而是要通过互相帮助、自我牺牲等来完成。这当然是个乌托邦理想，但这个理想对人的吸引力特别大，因为它是一个空想，一个很美好的东西。

听众二：

非常感谢您刚才的精彩分享，我是上海理工大学的老师，今天讲座我们理工大学的学生也来了七八个。我第一次听您的讲座是学生时代，大概十六年前，在南京大学，那时我还在南京读书。当时有这么个问题，很有意思，我到现在还记得。那时候金庸先生做了浙大人文学院的名誉院长，备受热议。讲座提问环节，一个女生站起来问了第一个问题，就是想请您评价一下金庸的作品。陈老师不假思索地回答："对不起，金庸的书我没怎么看过。"让我印象非常深刻。您刚才讲，二十年、三十年之后对很多问题的思考会有变化。现在已经过了十六年，金庸先生也已作古，我再把这个问题提出来，想听听您的回答。

陈思和：

我告诉你这个事情的背景是什么。当时我已经当复旦大学中文系系主任了。当年浙江大学聘金庸做人文学院院长，在教育界包括在浙大反响也很大，很多人觉得一个写武侠小说的作家怎么可以去当学府的文学院院长。我当了系主任以后，不止一个老师，复旦的我的老师辈，把我叫去很认真地

陈思和教授回答现场听众提问

跟我说，万一金庸要到复旦来，你要顶住，不能让他进复旦来。我那时候年轻，只好说对对对。这是一层意思。

第二层意思，我还真没有看过金庸的书。我看的都是金庸的电影、电视剧，到现在还在演的《天龙八部》这些，但是他的书我没看。我不看不是说金庸不好，一点没有这个意思。我有个原则，今天我们讨论读书经验，我可以把我读书的原则告诉大家，我不读流行书，这是我的原则。

为什么？我一读，就一定要参与进去发表我的意见，但我不想纠缠在对流行读物的看法上。我绝对没有看不起流行读物的意思。只是就我自己的读书原则而言，我是不读流行书的。

但是，我对金庸的看法是有变化的。我不读武侠书，也确实没有读过。后来听北大的老教授严家炎老师说过金庸。严家炎老师的书我都读，他是个金庸迷，他在北京大学首开金庸小说研究课，而且因为这个事招致诸多非议。我有一次请教过严老师，那是很早以前了。严老师说你不懂，金庸的武侠小说里有很多很好的思想。他当时给我举了一些例子，例如《鹿鼎记》。我没看过金庸的作品，不能证实严老师说得对或者不对。但我还是很尊重严老师的，我觉得严老师肯定有他自己的体会，就像我说的，不同年龄段读书会有不同的体会。也许我今天读金庸就读进去了。不过那个时候我年轻，确实没读。所以，十几年以前的那个问题，我今天还依然是原来的回答，还是没有读过。

听众三：

陈老师您好，刚才老师说任何作品背后都有一个绝对文本，我对这个绝对文本有一点困惑。这个绝对文本到底是由谁来定义的呢？一千个人心中有一千个哈姆雷特，一个人认为它是绝对文本，另一个人说它不是，那这个绝对文本拿什么做标准呢？

陈思和：

绝对文本是一个观念，不是真的呈现出来的文本，它在你的观念里。你阅读这本书的时候，你要相信它有一个绝对正确的、完美无缺的模本。有了完美，你才会知道不完美。

比如说你读一部小说，我们就说《红楼梦》。我小时候读《红楼梦》，最不能容忍的就是林黛玉死了，贾宝玉却无动于衷。贾宝玉没有因为林黛玉死了就出家做和尚，他后面还有好多故事，对不对？我当时就觉得很奇怪，贾宝玉居然没去做和尚，反而跟薛宝钗结婚了。因为小的时候认为爱就是个生生死死，一个死了，另一个就该去做和尚。于是我觉得这本书不完美。不完美是哪里来的呢？实际就是你心目当中相信，应该有更完美的《红楼梦》。所以很多人会自己动手去续写《红楼梦》。他们为什么写？他们觉得应该有更完美的故事，但目前的这本《红楼梦》里没有。就是这个道理。

你应该相信每一个艺术作品都有一个绝对的东西，这样艺术就变得神圣，你就会把它当一回事，否则它就是一盘散沙。其实绝对文本是观念，不是一个事实，不是事实上它有一个绝对文本，而是观念上的。

听众四：

我最近刚好也在看陈老师的《中国现当代文学名篇十五讲》，在文本细读的过程当中发现了一些我目前为止难以解决的问题。

陈老师刚才提到了，在《雷雨》中，鲁妈的个性是非常复杂的，我也是第一次对鲁妈这个角色产生这样的认识。鲁妈最后对她一对儿女的乱伦行为的容忍和包容，我觉得就是一种存人欲灭天理的行为。这样一个母亲，她可以为了自己的爱，为了对自己子女的这种深沉的爱，去放弃一些世俗认为正确的事情。

刚好我也在看莫言先生的《蛙》，这本书当中的小狮子，同样是一个非常疯狂的母亲。她为了能够生养一个孩子，让人代孕，这是一个非法的行为。我想请问老师，在中国古代文学中存不存在这样一个形象，有着这般疯狂的母爱，改变了她自己最初对于道德的坚守？

陈思和：

中国古代文学里是没有的，但是西方文学里有很多，古希腊作品里就有。比如古希腊神话里的美狄亚，她爱伊阿宋，后来发现那个男人移情别恋、不爱她了，就亲手杀死了她和伊阿宋的两个孩子。

我再举个例子，就是美国剧作家奥尼尔写的戏剧《榆树下的欲望》。里边有个叫爱碧的女性角色，和《雷雨》中的繁漪很像，年轻的太太爱上了年迈丈夫的前妻生的儿子。后来她和老头的儿子生了个孩子。可是老头不知道，还高兴得不得了，在舞台上跳踢踏舞，觉得自己这么老了还有力量，但实际上这个孩子是他儿子生的。老头的儿子想不明白这个孩子是他的弟弟，还是他的儿子，跟爱碧的关系就渐渐不好了。为了挽回她所爱的男人的心，爱碧忍痛杀死了自己亲生的孩子。这就属于把人欲推到了至高无上的位置，把次一等的天理给抹杀了。我觉得这个文学传统中国没有，因为中国是一个伦理至上的国家，没有这样的故事，中国都是倒过来的。所以，曹禺的《雷雨》的创作手法，其实是属于西方的，是他引进的。

听众四：

还有第二个问题，跟我自身是比较相关的。您提到巴老的《随想录》有写到很多他当年无政府主义的信仰。我非常好奇。我在读《电》的时候，也能感觉到巴老当年那么坚信他会成为一个无政府主义者，但他后来发生了很大的变化。新中国刚成立的时候，巴老的岁数也不是特别大。作为一个年轻人，当遇到自己的信仰崩溃、没有空间的时候，他是如何协调自己内心的那种孤独感和虚无感的？因为我自己也正经历着信仰崩溃，然后重建的这样一个过程。

陈思和：

每个人的经验不一样，这是没法取代的。巴老对他那段历史讳莫如深，我问过他好多次，他始终说“以后再说”。但是我觉得他说以后再说，不代表他没有思想斗争，不代表

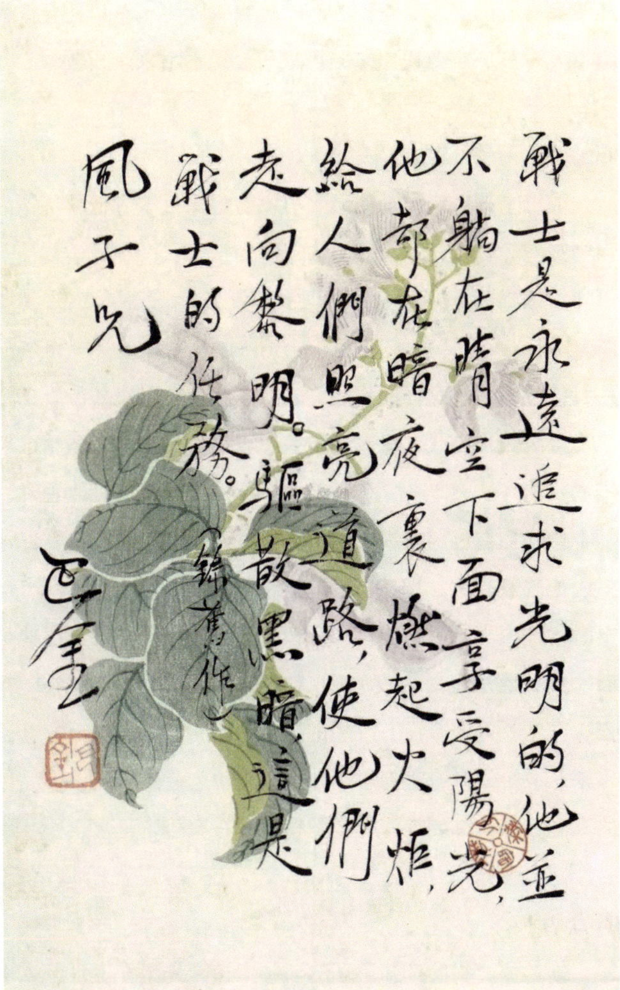
戰士是永遠追求光明的，他並不躺在晴空下面享受陽光，他卻在暗夜裏燃起火炬，給人們照亮道路，使他們走向黎明。驅散黑暗，這是戰士的任務。（錄舊作）
風子兄
巴金

巴金先生手迹

他没有内心的痛苦。正因为有，他在《随想录》里才会像火山爆发一样一定要说出来，可最后又说不出来。

听众四：

那巴老这种内心的纠结，有没有集中反映到他哪部作品当中呢？

陈思和：

他没有写过这样的作品。其实这个过程是很长的。到了二十世纪四十年代，巴老四十多岁以后，他的这个激情已经慢慢没有了。他当时写过一篇文章——《寻梦》，他去寻找一个曾经拥有过，但失去了很久的梦。他没说是什么梦，他只说他曾经有过，现在已经离他很远，找不回来了。所以那个时候他内心已经很痛苦了。读巴金书的人可能都读过他最后一部长篇小说《寒夜》，后来还被拍成了电影。其实《寒夜》写的就是一个没有理想的人的悲剧，只是他没有这么说出来。一个人没有理想了，他哪怕自由恋爱，有了一个完美的家庭，最后都要崩溃。我觉得他是在警告自己。

听众五：

陈老师，我们都知道您的老师贾植芳先生在上世纪八十年代当过复旦大学图书馆的馆长，三十多年以后您接过他这个职位。我想问一下，当您决定接替葛剑雄老师来当这个馆长的时候，您自己有没有什么想法？这是一个问题。另外一个问题，是什么原因促使您跟李辉老师把贾先生的文集放到了甘肃张掖的河西学院，而没有留在复旦？谢谢。

陈思和：

我的老师贾先生是一九八七年退休的，他一九八三年到八七年当图书馆馆长，当了五年。那个时候我叫他不要去当。我说您这么大年纪了，自己写写东西不是很好嘛，还要去操劳。贾先生是一个非常通达的人，他一生受了很多苦，被关在牢里、被批斗、被监督劳动，实际上“文革”以后才彻底平反。但是他跟我说：“他们要落实我政策，那就让他们落实吧。”他就是这样一个很坦然的人。既然学校这么安排，那他就去做，做了五年就退休了。他在任上做了一件功德无量的事情，在他任上图书馆文科楼造起来了。

被安排做图书馆馆长当然跟我毫无关系，是学校通知我做的，我事先一点都不知道。我跟我导师贾先生想法一样，既然学校叫我去做，我就去。这不是我去谋来的，我就服从学校的安排。

其实刚做馆长时，对图书馆内部要做什么工作一无所知，我以为图书馆就是买书、借书。但是做这个馆长以后，我才发现图书馆的工作内容非常复杂。现在我们图书馆除了有基础服务——借书、资源建设等，还有很多我以前不了解的工作，比如古籍保护、数据库建设，智慧图书馆，还有情报评估、学科评估，等等。它其实是一个内容非常丰富的工作。

至于贾植芳先生的书，捐赠给河西学院的不是他的文集，是他的藏书。那个时候我还没当图书馆馆长，这事发生在我接任馆长的这个过程中。贾植芳先生的家属打算卖掉他的书。贾植芳先生的这些藏书没什么版本意义，都是“文革”以后他平反了之后积累的，近几十年买的一般的书。所以当时他的家属觉得这些书没什么保留价值。

我有一个学生，曾经是河西学院的校友，后来跟我读博士，现在是上海大学的教授，叫陈晓兰。那个时候正好复旦大学跟河西学院“结对子”，河西学院的干部到复旦大学轮训，很多都是陈晓兰的熟人，就说起了贾植芳先生有很多书，家属要卖。当时河西学院的院长，我们叫刘校长，正好在复旦挂职，他说正好给他们河西学院，他们很佩服贾先生高尚的人品。他觉得把贾先生介绍到河西，可以给学生做一个很好的教育示范，那我当然极力支持这样的工作，所以书就搬到那儿去了。

我和李辉去过河西学院，我们很感动。贾植芳先生是山西人，能够在西北这个地方给他的图书安家，他应该也很欣慰。而且河西学院做得很好，他们做了一个很大的书库，里面有很多介绍贾先生的内容，还有他一个很高的铜像。他们还还原了贾先生的书房，把贾先生用过的书柜、沙发、桌子，全部都原封不动地搬到那儿去了。我那天去忍不住眼泪都掉下来，好像看到了先生生前的工作场所。

他们做得很细致。那儿有一个窗，这个窗是“画”出来的。他们在贾先生家里拍了先生书房的窗及窗外的实景，然后把这个实景照片放大，贴到了那个墙上。做得真的和贾先生家的那个书房一样，非常细致。

我和李辉都觉得河西学院为贾先生做了这么多工作，我们有一种责任去回报。所以，我们后来在那儿开了很多研讨会，李辉还设立了一个“贾植芳讲堂”，请了很多名家去演讲，把那个地方变成了一个被知识和人文精神浸润的地方。

这件事不是我推动的，是陈晓兰他们。他们本来就是河西学院的人，是他们商量出来的，我当然是支持的。

傅杰：

河西学院是教育部指定复旦对口支援的一个西部高校，复旦大学从图书到电脑都有支援，也每年都派教授去演讲，在你们做那个事情之前，我正好在那里演讲，看到了前期他们对贾植芳文库的精心打造。刘校长要在你们的会上致词，说贾植芳先生的定位，让我给他的讲话当中写一段。我就写了一段，他说写得很好，让我单独抄一份给他，还让我落个款，我也不知道他的意思，就遵命抄了一份落了款。后来去参观的朋友告诉我，说你那段话就被挂在那边，还做了个镜框，变成我的题词了。这个有点尴尬，因为我本来是写了给刘校长发言用的，变成我的题词口吻就不合适了。

今天来参与我们活动的还有我以前教过的学生陈婧祾。陈婧祾是复旦中文系的高材生，是思和老师的硕士生，后来到哈佛大学读了博士，毕业在美国教学，现在正好因为疫情被滞留在国内，我们请她讲讲跟陈老师读书，从本科到硕士受陈老师教育最深刻的印象。

陈婧祾：

被傅老师临时抓差，真的不胜惶恐。我从本科一年级开始就上陈老师的课，一直到我去美国之前，差不多在复旦有八九年的时间。那本《中国现当代文学名篇十五讲》，我们当年非常荣幸，因为是第一届听这门课的学生。我刚才听陈老师讲，突然间有一个很强烈的感觉——这个感觉以前就有，现在好像是非常好的提醒——读书原来是一件可以非常朴素的事情。特别在美国的学院待久之后，有各种各样的理论，从这一派到另外一派。我在出国之前，陈老师给过我两个建议，两个指导。他跟我说其实读书是很简单的，特别是在人文学科，一个就是学语言，另外一个就是认认真真地读

陈婧祾博士分享跟随陈思和教授学习的经历与感受

书，认认真真地读几本书。

我想起那个时候上课，陈老师说过，在我们这个学科，人人好像都可以读书，给你一个很大的误解，觉得读书是一件很容易的事情。但作为一个专业的读者，在这个学科里面，你要能够有一两把刷子的话，那大概就是一个读书的本事。所以刚才他讲《雷雨》，讲巴金，都是很平和地一步一步推导出来，真的让人觉得读书原来可以非常简单非常朴素。

另一个是关于学语言，学语言也可以很简单很朴素。我学希腊文的时候，当时在复旦，陈老师把我送去历史系古希腊史专家黄洋老师那边读书，大概几个星期我就觉得这日子实在太难过了，要记的东西太多了，然后就开始抱怨。我记得陈老师那天听了我一堆抱怨以后，什么都没说，他就说了一个故事，他说当年文洁若找周作人学希腊文，文洁若也很抱怨，然后周作人就说这个东西记住了就行了，其实就很简单。

陈思和：

其实它很容易，因为读完以后，你只要使劲记，它没什么规律，记住了就过去了，是这个意思。

陈婧祾：

大概就是这么简单的一个道理。

第二点我想讲的就是，讲巴金的时候我就很感动，你可以想到文本和读者其实是互相滋养的。做陈老师学生这么多年，常感到他上课的时候经常会把一个作品讲得很好，你就被他吸引去读，结果发现这个作品并不咋地，然后你就觉得好浪费时间。但是另外一方面，我就不得不想到，做批评家，你要批评一个作品其实是很容易的，但是你要发现一个作品的好、发现它的美，其实是要有胸怀的，不仅要有眼光，更要有胸怀。而在某种程度上，其实是批评家，是读者给了这个文本感人的力量。

那反过来说，就回应刚才这位同学的一个想法吧，我觉得文本也是可以滋养人生的。比如陈老师只是说年龄增长，但是我觉得可能更重要的是，在这个过程中，你的学养、你的学识不断增长，你可以有更多理解这些文本的力量。有一个古罗马作家叫阿普列尤斯，他写过一本小说叫《金驴记》，这个小说被认为是世界小说史上的第一部小说，我们也翻译成《变形记》，它在开篇有这样一句话："倾心吧，读者，你将心生喜悦。"

我想说，今天如果我有收获，最重要的一个收获就是自己慢慢地读书，自己认真地读书，把它当作一件朴素但日常的工作，那么很多年以后，你会发现你的人生也会不一样的。

傅杰：

已经九点十分了。我前面两讲都讲过，这个讲座是我自愿来主持的，因为每一次我都跟在座的，以及收看我们节目的所有朋友一样，是一种学习的机会。听了陈老师今天讲的，我谈两点联想。

第一是专业的角度。我们进了大学，研究生就不用说了，本科生也有自己的专业爱好，从专业的角度来讲，著名的哲学家迈克尔·波兰尼曾揭示，人在从事研究活动的时候，主要起作用的是两种东西，我借用一下美国的林毓生教授的翻译，一种叫支援意识，一种叫集中意识。所谓集中意识，就是你在面对比如说《雷雨》也好，《随想录》也好，面对同一个文本，大家都在看这个文本的时候，这个是集中意识，大家都一样的。但是你在研究文本的时候，有的人可以读出很多东西，有的人只能写出非常浅、非常简单的东西，这个当然跟你下的功夫，你是不是读熟了有关系。另外一个很重要的，其实跟你以前所受的所有教育有关，你以前所受的所有的教育，比如说美学理论的、哲学理论的、文学理论的，对现代史的熟悉，以至受到的逻辑思维的训练，等等，这些方面就是你的支援意识。它其实跟文本没有直接的关系，它是在你做这个研究的时候在后面支援着你。

支援意识起的作用很重要，看上去我们面对的都是同一个文本，但是支援意识越丰厚，你做出来的东西可能水平就越高。这个也是我以前上课一再跟同学们讲的，学习的时候不要就事论事，在打基础的阶段要不断增加自己的支援意识，打下比较坚实的基础。不是幻想面对一个文本，我马上也能像陈老师那样，能做出那样一个分析，你没有强大的支援意识，你做不出来。否则你就是照虎画猫你也画不成，还是要从基础做起。

第二个从非专业的角度来讲，也当过图书馆馆长的，我们大家都知道大文豪博尔赫斯，博尔赫斯大家称他是作家中的作家，因为他的博学是无底的，在那样一个双目失明的情况下，他还记得那么多东西，但是他自己说他反复读的，也就是那么几本书真正起了作用。这个意思是什么？就是陈老师前面也讲了的，我们一生不需要交很多泛泛的朋友，回到我们这个读书上来，一个人一生当中，我想大概有十本书对你起作用，这十本书你真正能把它读懂读透，变成一个你在不同的年龄阶段去重温它，都能有新体会的东西，也就很不贫乏了。

比如说我们现在学古典的，谁敢说把《史记》已经读透了？谁敢说把《论语》已经读透了？陈老师给我们提供了一个精读细读的范本，因此中文系不能光泛泛而谈，我好像什么都懂了，我什么都读过了。我们开精读课的意思也是这个。我们不做专业文学研究的同学，如果在自己的读书当中，能够慢慢从老师的教导之中，从通识课当中，从自己的读书体会当中选十来种书，能够使你终身获益，那么你的人生其实也就很丰富了。

我们现在是一个非精读的时代，因为信息太多了，每天你的手机里都有新的东西。在那种情况下，让你看一个四卷本的长篇小说，你觉得烦；让你看一个十几卷的鲁迅全集，你更觉得没有耐心。读的往往是那种泛泛的、不能成为你人生当中精神滋养的东西。我们通过这个讲座，也希望有更多的同学，更多的年轻的朋友，能真正爱好一些真正不愧是书的书，来丰富我们的人生。

感谢大家在这么冷的冬夜来这里听讲座，当然我们更要再次感谢陈老师。

陈思和教授为现场听众签名

以书会友

陈思和
2020年12月16日

第四讲 陈子善

让文学史鲜活起来、丰富起来

陈子善

华东师范大学中文系教授，上海文史研究馆馆员。

著有《中国现代文学史实发微》《中国现代文学文献学十讲》《这些人，这些书——在文学史视野下》《双子星座——管窥鲁迅与周作人》《从鲁迅到张爱玲——文学史内外》《张爱玲丛考》《沉香谭屑——张爱玲生平和创作考释》《看张及其他》《说徐志摩》《钩沉新月——发现梁实秋及其他》《签名本丛考》《拾遗小笺》《边缘识小》《一瞥集——港澳文学杂谈》《素描》《梅川书舍札记》等。

编订有周作人、郁达夫、梁实秋、台静农等多位中国现代作家的作品集和研究资料集。

傅杰：

经过前三次，大家对志达书店的这个讲座应该都不陌生了。我作为这个活动的主持，在主办方志达书店的支持下，总是想把最好的学者请来。比如我们第一讲请的荣新江教授，我可以不夸张地说，他是全中国对敦煌文献最熟悉的人。我们下一次，在子善老师之后，要请的陈尚君教授，我可以不夸张地说，他是全中国对唐代文献最熟悉的人。那么今天请来的子善教授，我也可以不夸张地说，他是全中国对现代文学文献最熟悉的人。

陈子善：

有点夸张，有点夸张。

傅杰：

我一九九二年从杭州大学到华东师大，跟在那里兼职的王元化先生读博士，所以我认识子善老师，从九二年到现在，差不多快三十年了。但我知道子善老师肯定不止三十年。没到华师大的时候，我觉得他是个老先生，因为那个时候他编了梁实秋、周作人的作品，他的名字经常出现在当时的《文汇读书周报》上。那个时候，友人陆灏任编辑的《文汇读书周报》正值“黄金时代”。当时老一辈先生都健在，钱锺书先生都看，王佐良先生、金克木先生、张中行先生、朱维铮先生、钱谷融先生、王元化先生都时常为报纸写稿。那时我在杭州就不断地看到陈子善的名字，而且文章都是写哪位老先生编的书材料缺了，补充哪个大家都没有见过的材料……有些是黄裳先生、钟叔河先生都不知道的。我就觉得这是一位比今天在座的子善先生更年长的人。结果到了华师大知道子善老师就是中文系的。后来一见到更知道子善老师才四十出头，说青年有些夸张，就是一位刚刚步入中年的老师。我对子善老师的印象是不认识他的时候觉得他很老，认识了觉得他是个中年人，快三十年之后，我慢慢地老了，他也已经年过古稀，但是我现在反而觉得他越来越年轻了，这大概就是爱书起的作用。

我们在最爱书的时代，那个还没有网络购书的时代，一般常在周末一早骑上自行车，背个大包去文庙淘书。我肯定不是每个星期都去，那个时候也就个把月去一次，但是如果我去十次的话，基本上可以碰到子善老师九次，他都背着一个比我们的更大的包。

陈子善：

你也比较夸张。

傅杰：

到了现在，比如每年夏天为期七天的上海书展。子善老师经常是有七场以上的活动。我觉得他有活力，也是爱书带来的好处。大家可以在接下来子善老师讲授当中，进一步领略他的青春风采。

陈子善：

各位晚上好，今天是星期三，晚上耽误大家休息时间，但是这不能怪我，要怪他，他把我找来，说要跟大家聊一聊读书经验。刚刚傅老师把我狠狠地表扬了一通，实在不敢当，我只不过比较喜欢书而已。

陈子善教授与傅杰教授交流

我们当年翻阅杂志、报纸，好像真的跟历史离得很近

谈我这个人的经历，就从一九七六年二月份开始。我的华东师大校园卡上的编号就是 19760020，我是从一九七六

年二月份在当时的上海师大中文系开始工作的，到今天已经很多年了。我算术不好，已经记不清有多少年了。这是一个时间节点。另外一个时间节点是一九七六年十月，我开始参加一九八一年版的《鲁迅全集》的注释工作。这两个时间节点对我来讲比较重要，在我个人的成长史上比较重要。第一个，我开始成为一名大学老师，开始教书。第二个，我开始参加《鲁迅全集》的注释，从某种意义上决定了我以后所走的学术道路，或者说我买书、读书的方向。为什么这样说呢？如果我不参加《鲁迅全集》的注释，就不需要花那么多时间和精力去把一个个具体的、非常琐碎的问题弄清楚。因为我参加注释的部分是鲁迅一九三四年到一九三六年写给朋

二十世纪八十年代初，陈子善教授在华东师范大学中文系任教时留影（前排右起依次为濮之珍、蒋孔阳、许杰、钱谷融、杨霞华，后排右二为陈子善）

友、学生的书信，这些书信往往是很具体的，涉及具体的一件事情、具体的一本书、具体的一句话，那么按照注释的要求都要注明出处、注明来历，比如鲁迅为什么会在信当中发这段议论，都要查清楚，所以逼得我不得不去做这样比较仔细的查找的工作。

前两天刚刚参加了上海一位有名的文史掌故作家郑逸梅先生一百二十岁的纪念活动，当年我就有向郑老请教。当时有一位鸳鸯蝴蝶派作家程瞻庐，鲁迅有封信中写到他买了程瞻庐的小说寄给他的母亲看。鲁迅的母亲不喜欢看鲁迅写的东西，喜欢看张恨水的小说、程瞻庐的小说，于是，鲁迅买了张恨水的小说、程瞻庐的小说寄到北京，让她母亲消遣。按照注释的要求，我要注明程瞻庐是什么人、他的生卒年月等具体信息。这在今天很容易，网上一查就可以，大体信息都可以查到，但是当年没有资料可查。怎么办？我突然想到郑逸梅老先生，就给他写信。郑老先生马上就回信了，将我问的问题中他所知道的信息一条、两条、三条……写得清清楚楚。现在《鲁迅全集》里这条注释实际上是郑老先生注的，我只不过是把他给我的回信搬到注释当中罢了。就是这样的缘故，我开始对现代文学领域里一些历史经过，一些历史事件、历史人物及他们的经历，产生了浓厚的兴趣。所以在我的学术生涯中，我花了很多的时间和精力去解决一些很具体的问题。可能其他的研究者对这些问题不屑一顾，或者

一九八〇年，陈子善教授参加《鲁迅全集》注释时在北京景山公园留影（左一为王锡荣，右一为陈子善）

没有兴趣，或者说少有兴趣，而我呢，却对此兴趣很大。

一九八一年版《鲁迅全集》出版以后，我的兴趣转向了另外一位作家，鲁迅的好友，郁达夫的身上。我发现一个非常有趣的问题，鲁迅跟创造社作家的关系一直非常紧张，跟郭沫若、成仿吾这些人的关系一直是非常紧张的，唯独郁达夫，跟鲁迅关系非常好，一直到鲁迅去世。这是什么原因？郁达夫到底是个怎样的人？

当时社会对郁达夫的评价不高。后经查找，一九四九年以后，郁达夫的作品只出过一册薄薄的选集。一九五七年，文艺理论家冯雪峰被打成“右派”，但该工作还是要工作，就给了他一个任务让他编郁达夫的作品。于是，冯雪峰花了很多时间和精力收集郁达夫的作品，按照他对郁达夫的理解，重新编了一个郁达夫的选集，于一九五九年出版。从四九年到一九七九年，郁达夫在内地出版的作品就只有这两本薄薄的选集。这显然与郁达夫在文坛的地位很不相衬。那么，郁达夫到底写过多少作品？我们该怎样重新评价郁达夫？我对此产生了兴趣。既然《鲁迅全集》的注释已经结束，我就把注意力转到了郁达夫身上，于是就开始了对郁达夫相关资料的搜集和整理，与王自立先生合作，先后编了《郁达夫文集》《郁达夫研究资料》《回忆郁达夫》等书。

我都是这样的，我认为一位作家资料的搜集和整理大体上完成了，就会把注意力转到下一位作家。当然了，现在回过头来看，包括郁达夫在内的作家的资料还有很多缺漏。现在网络上找资料方便了，有数据库啊，很多年轻朋友在数据库里不断地查找，有时就会跟我说："陈老师，我们又找到了一篇！"我说："好啊，这是你的收获啊。"但是当年我们没有这样的条件，只能一本本杂志、一本本报纸的合订本去翻。不过，任何事情都是一分为二的。现在年轻人在数据库里找，看的就是电脑屏幕；而我们当年翻阅杂志、报纸，好像真的跟历史离得很近，一页页翻过去，闻着报纸、杂志那种接近古纸的味道，跟线装书还不一样的纸的味道。

我有一个很深刻的记忆，关于上海辞书出版社的资料室。它原来是中华书局的资料室，中华书局从上海搬去北京，资料室里的书报杂志就都留在上海，由辞书出版社接管了。当时我去那个资料室查找书刊，第一次是找了他们的领导，征得了同意，然后就要请一个具体管理的工作人员递书。我和他打交道，请他抽烟，他说："我们图书馆不能抽烟，到外面来，院子里。"他们院子里的绿化不是很好吗？我在那儿跟他抽烟，搞好关系。他说："这样，你下次来，自己进去看，省得我帮你拿。"他怕累嘛。我就一个人在库房里面爬上爬下，浑身上下弄得都是灰，但是高兴呀，这种待遇从来没有过。那段时间有许多意想不到的收获。每当翻开一份报纸，翻到这一页，在这个副刊上看到一篇我不知道的或者之前没有文字记载的作家的作品，喜悦的心情难以言表。堪称"孤本"的上海《中华新报》副刊《创造日》，我就是在那里找到的。

之后，就像滚雪球一样，我研究的作家从郁达夫，又到周作人、梁实秋……当然，这里有一个前提：这些作家，是我当时认定很重要的，是我们必须正视、不能忽视、不能忽略、不能回避的。他们绝不是那种可大可小、可有可无的作家，他们在现代文学史上的地位是明摆在那里的，只是我们以前故意不去触碰，故意回避或者说故意冷落，故意摆在一边了。

■ 你学习的文学史是丰富的还是单调的？

讲到读书，我实际上没有多少经验可以说，只能讲一些体会。经验是谈不上的，因为每个人都有不同的经历、不同的角度。

作为接受过正常教育的人，读书，读书，有一种书是必须要读的，就是教科书。有哪一个人说我不读教科书？哪怕是大博士也得读教科书啊。但教科书往往是最难吸引人的。我不知道在座诸位有这样的体会没有？我自己在照着教科书教书，但我知道，教科书要想让学生读得津津有味，可能性不大。不是说没有好的教科书，我没有这个意思。肯定有好的教科书。但是，在我们现当代文学这个领域里面，教科书要让你读得津津有味、欲罢不能，很难，这很难。为什么呢？其中有各种各样复杂的原因。比如，对这些作家一会儿肯定，一会儿否定，怎么评价？

我记得从八十年代开始，在相当长的一段时间里，我们使用的教科书是唐弢先生主编的三卷本的《中国现代文学史》，后来简化成一卷本的简编本。唐先生从六十年代开始编，花了很大的精力。副主编严家炎先生现在还健在，最近他还写了文章讨论这个问题。现在回过头来看，唐先生这个教科书问题太大了。八十年代唐先生自己就意识到了这个问题。一九八五年秋天，浙江富阳召开“纪念郁达夫殉难四十周年学术讨论会”，日本学者、新加坡学者都来参加了。当时郁达夫尚健在的作家朋友很多都到场了，包括“五四”时期就出名的诗人汪静之、楼适夷，我们华东师大的许杰先生等。唐先生也到场，但是他迟到。他到的时候，我已经提前离开了。所以他在会议闭幕式上的发言我没有听到，我也不知道他有这么一个发言。时隔多年，我才在一份材料上看到他当时发言的记录稿。这份发言记录稿也没有收在他的文集里。记录稿里有一条说的是他要在这里郑重地向达夫先生道歉，因为他的《文学史》对达夫先生的评价没有恰如其分，贬低了，当时他的思想不解放。唐先生承认了他自己的问题。我读书就是这个样子，那就要把他的《文学史》找来看看，他怎么评价低了？低到什么程度？为什么后来八五年的时候他要讲这样的话？……就是这样读书啊，可以比较。

我看唐先生的书，更感兴趣的不是他编的《文学史》——虽然这《文学史》是“高头讲章”，很长一段时间是我们大学本科生以及硕士生要读的——而是他的另外一本书《晦庵书话》。这本书很有趣。我们现在有很多说法，比如我们认为上海巴金故居的周立民先生有一个说法很有趣，叫作“躺着读书”。不是正襟危坐地坐在书桌前读书，而是躺在床上，在睡觉前，拿一本书随便翻翻。那么，唐弢先生的这本《晦庵书话》，就是“躺着读书”的比较理想的读物。书里的文章很短，一篇文章不到一千字，基本上就一到两页。“晦庵”是唐先生的笔名；“书话”，就是他看到的中国现代文学史上各种比较罕见的版本中他认为值得介绍的，包括创作、理论、翻译等，用简明的带有文采和感情的文字表达出来。那么多年过去，我已经读过很多遍了，有时候还是会拿起来翻翻。这本书最大的优点就在于它可以给我们提供很多线索，很多进入现代文学史、研究现代文学史的线索。它提到的很多作家、很多作品，我们现有的文学史都不讲的。为什么不讲？是不是应该不讲？还是应该讲而没有讲？这本书里的文章大部分是唐先生二十世纪四十年代写的，一部分是二十世纪六十年代写的。这些文章都非常有趣，所以我跟我的研究生上课的时候就会说："这本书你们都要去读一读，它的价值不亚于那些'高头讲章'、那些理论书。因为它可以提供给你很多线索。你学习的文学史是丰富的还是单调的？唐先生在《晦庵书话》里告诉你的文学史是丰富的、多样的；而现在我们教科书上的内容正好相反，是单薄的、单调的，讲来讲去就那么几个作家。那几个作家确实很好，没有问题，但是整个中国现代文学史就只有这几个作家吗？"我曾经举过一个例子，当然这个例子也不太好，俄国作家契诃夫讲过一句很有趣的话：大致的意思是大狗要叫，小狗也要叫，大狗、小狗一起叫，那才热闹。那些大作家就相当于"大狗"——当然这样讲不太好——小作家就是"小狗"。"大狗"叫起来很响亮、很洪亮，声震四方，没有问题啊。但"小狗"也要让它叫叫嘛，也许也有两声很悦耳、很好听呢，对不对？只管“大狗”叫，不管“小狗”叫，这个文学史怎么丰富？

刚刚出版的、我这两天也经常在床上翻阅的《钱锺书选唐诗》，这里面很多诗我们都不知道。钱先生选得很认真，选了那么多。我自觉水平有限，但有的诗我看看很普通，钱先生为什么选这些诗呢？想必钱先生也是这个原则，他认为值得选的，他就选了。有意思就在这里。我们不要迷信一些现成的、大家公认的书。我当然很赞成大家的著作、经典的著作都要认真阅读，甚至要反复重温。但是呢，不是大家的、在某些方面可能很有特色的，我们也应该关注一下。

问题是你自己要有眼光去选择。有的时候我看一部作品，从头看到尾，感觉确实很差，那也是一种收获，至少知道这本书不好。也有可能我看不下去，看到一半就扔了，那也可以，至少知道这本书我看不下去。问题是你要选择，要知道哪些书适合你。教科书没办法，规定了你要阅读，你不喜欢也要读，硬着头皮读，为了你的学业，这是另外一个问题。但你自己阅读，要有选择，要有大的视野。

傅老师将前面几位的讲座的视频都给我看了，我和他们的经历都差不多。我们那一代人都经历过从没有书读到后来书太多而来不及读的过程。而现在的年轻的朋友，包括你们在座的诸位，面对的是书来不及读。傅老师的书你们都读过吗？好书太多了，来不及读啊。我现在碰到学生都问：

"你最近爱读什么书啊？"学生说他在读什么书。我说："哎呀，我不知道啊。"赶快补课，但补课都来不及啊。书太多了……以前有个俗语"老鼠掉在米缸里"，现在我米缸掉进去，爬也爬不出来，好书太多了……在这种情况下，怎样挑选适合自己的书，不一定是大家的、经典的，但是适合我自己的，这一点很重要，我觉得很重要。对做研究来说，更应该是这样了。

▌我乐于做这些工作，拾遗补缺

大概从一九九五年一直到二〇一〇年左右，我先后编过一些以前被忽视或被冷落的作家的各种各样的作品集。我当然有我的诉求，要让这些作家被包括大学生、研究生在内的更多的年轻读者知道。知道了之后你怎么评价，这是第二步。你可以评价说这些书"不过如此"，可以，没有问题，但你首先要知道、要了解，你不能照搬现成的结论。

我跟傅杰老师一起编过"新世纪万有文库"，后来又一起编了"海豚书馆"。"海豚书馆"，我编的是红色系列（文艺拾遗系列）。这个很奇怪，我编的都不是红色（主题）的书，但属于红色系列。书的封面是红色的，不是大红，是粉红。不信，你可以到书店去翻一翻，也许志达书店就有。在"新世纪万有文库"里，我编的作家比较多的是新月派和与新月派有关系的，丁文江、邵洵美、陈西滢，等等，将他们散见于各种报纸杂志上的文章收集起来。另外，徐志摩和梁实秋的书当然也编了不少，主要是他们的集外文。但是像邵洵美、陈西滢等人的作品，就几乎没出版过或出版得很少。

讲到邵洵美，还有一个很有趣的事。中国有很多作家都喜欢写宏大题材，有些具体的问题是不写的，比如近代以来中国人的赌博，各种各样的赌。而邵洵美就写了一系列关于赌博的小说。我觉得很有趣，别人都没写。而且他对赌博的看法也很特别，他说他非常佩服发明骰子上这个点的人，比达·芬奇、米开朗基罗都伟大，因为他们只发现了线，而那个人发现了这个点。好玩吧？他写了一系列赌博题材的小说，我就把它们编成了一个赌博系列。邵先生的家人们就不高兴了，觉得怎么可以把邵先生变成了赌徒。我解释说，不是把邵先生变成赌徒，他可能为了体验生活去观察赌场，然后写小说，这是好事，并不是把邵先生与赌徒等同。他们还是觉得我在故意贬低邵先生。我请他们不要误会，邵先生非常厉害，别人都不写赌博，但他写了。为文学题材的多样性做出了贡献，至少邵先生做到了这一点。当然，我后来又发现一些其他的作家也写赌博。有一个作家张友鸾，四五年以后《南京人报》的总经理，他也写小说。我们有几个人知道张友鸾？但他的小说当时在南京风行一时啊。小说的封面谁给他画的？这个人大家应该知道，黄苗子，大画家黄苗子。我把这两个封面给他儿子看，他就说：“我老爸还画过这个东西？”都不知道。他有两部小说在当时是畅销书，其中一部就是专门写赌博的，每一个赌博的场景都写得活灵活现，完全不同。我看过他这个小说，现在的电视剧什么的都是烂东西，根本没办法比，实在太差了，跟当年的怎么比。张友鸾是新文学里出来的，当年跟郁达夫等人关系都很好，我还请他老人家写过一篇纪念郁达夫的文章。偶然的机会看到这两部小说，我特别感兴趣。所以，读书是非常有趣的一件事情。读书就是要看这样的，人家没看到的，你看到了，而且你发现了它意想不到的长处。

这些文学史上不讲的，没机会讲，文学史讲来讲去都是大家知道的那些作家。那些作家确实写得不错，我没有否定他们，但是也有更有意思的这些作家、更好玩的作品，它们同样反映生活。

还有陈梦家，他的第一部集外文是我给他编的，《梦甲室存文》，因为他研究甲骨文，所以叫“梦甲室存文”。当然，今天回过头来看，我有很多疑问，也有很多新的发现，现在陈梦家的年谱都已经有研究者编出来了。但我还是很高兴，因为我当年把陈梦家的这些东西搜集起来。当年，中国社科院考古研究所的同仁只关心他那些关于考古的学术文章，其他的文章迟迟没人来编。他写的很多文学评论、文艺随笔都好。

还有叶公超，这个人也是很有名的评论家，但是因为他后来去了台湾，在国民党当局里有一个重要的职务，所以不提他。上个世纪末，王元化先生、钱谷融先生领衔，我们编了一套“世纪的回响”丛书。我就把叶公超这个选题报给具体负责的李子云，我还怕他们不批准。后来居然批准了，赶快把它编出来。我们现在看叶公超那些评论，写得多漂亮。这个人英文好得不得了。

所以，我乐于做这些工作，叫作“拾遗补缺”，在我力所能及的范围里，拾文学史之遗，补文学史之缺。

上世纪末到本世纪初，“海豚书馆”又提供了一个新的平台让我来做。宋春舫、熊式一、徐祖正、南星、李影心、艾霞、周鍊霞……这些名字不要说在座诸位可能比较陌生，就算是专门做现代文学研究的研究生都会感到很陌生。他们在一九四九年以后都没有出过书，我给他们每个人都编了一个集子。不要忘记前人的功绩，他们留下的文化遗产不能到我们这里就中断了，包括上海文学。

我们身处上海，我个人对上海文学的发展特别感兴趣。除了鲁迅，除了张爱玲——我一直就在做张爱玲——那还有其他的呢？当时有一个年轻人，年龄只比张爱玲小两岁，笔名叫东方蝃蝀。这个名字很特别，后来他自己解释了，源自《诗经》里“蝃蝀在东，莫之敢指”两句。这笔名都是有来历的。我们现在网上起的那些莫名其妙的名字，你的来历呢？你起网名可以，但要有点说服力呀，要让别人感到好玩。比如我的名字陈子善，我自己学问太差，都不知道这个“子善”是哪里来的，但记得我的父亲跟我说过，这个名字是他的一个老朋友黄先生上门祝贺他喜得贵子时给我取的。几年前，杭州有位画家、书法家，天天看古诗词，学问很好，送了本画册给我。他说：“你‘子善’这个名字取自宋代黄庭坚的一首诗。”黄庭坚有一首长诗，第一句就是“陈家有子善”，这个好吧？我听了也很开心。最近又有人告诉我，诸子百家里便有了“子善”，更不得了对吧？傅子知道不知道“子善”的出处？这个要有出典的，是不是？

回到东方蝃蝀，原名叫李君维，所谓的“张派”小说家，写大学生生活。他如果活到今天，写复旦大学学生的生活肯定很好。而且，他喜欢看美国电影，写了很多影评，现在拿出来一看，写得漂亮极了，不比今天的毛尖差。上海解放以后，他去了北京，在北京电影公司里工作，一直到去世。我给他编了两本书，长篇小说集和中短篇小说集。钱理群、吴福辉、温儒敏他们三个人合作撰述的《中国现代文学三十年》也把他写进去了。谁写进去的？吴福辉把他写进去的。吴福辉老师因为从小在上海长大，有上海情结，所以他把东方蝃蝀写进去了。东方蝃蝀生前就知道了，他很开心。有人把你写到一部史里面，当然会更高兴了。但是，我看了其他的现代文学史著作，好像都没有把他写进去。不过，有一点是肯定的，如果要写上海现代文学史，东方蝃蝀是不可能不写进去的。有的作家可能进不了大的中国现代文学史，但他可以写进地方性的文学史，像上海文学史、浙江文学史、北京文学史，没有问题呀。至少我们也做了一点贡献，让他进入了文学史，承认他的贡献。他一辈子写作，你应该承认他的贡献。而且像东方蝃蝀，他的作品确实写得很好，写都市青年男女的生活，很生动。现在写类似作品的，都要学习，至少要了解一下前辈是怎么写的。

所以，我不但教书、读书——这个读书是广义的，不是仅仅读书本，读杂志、读报纸都是读书——而且编书，编了很多书，有的时候我自己一算都吓一跳，竟然编了那么多书。当然，其中也有失败的。而这些都离不开买书。

■ 实际上你是在保存一段历史

我们现在网上买书，一般买新书。买旧书也有网站，像孔夫子旧书网。天天有好书，只要你有功夫去“海淘”。我比较“吃亏”，因为我不会上网，所以丧失了无数次买好书的机会，但也节约了不少钱。这个成正比的嘛，机会越多，钱可能就花得越多。我的心态还是很平和的，毕竟不可能所有好书都让你一个人得到，应该大家共享、分享。但是这么多年下来，在收书上确实也得到了很多朋友的关照。接下来，我可以讲讲怎样去找到一些好书。所谓“好书”，当然又是因人而异，我认为一本很好的书，他人可能认为一文不值、不值一顾。

以前收书，只要有名，只要跟广义的文学相关，我都收。后来就不断地缩小范围，因为不可能，一个人的能力和精力都有限。比如顾颉刚的《古史辨》，第一册上有一篇长序《古史辨自序》，周作人把这篇序收在《中国新文学大系·散文一集》里。被周作人一收，这篇文章就变成文学作品了，而它本来是个史学著作的一篇长序。一个偶然的机会，我看到了《古史辨》的签名本，顾颉刚签名送给朋友的，那就毫不犹豫地拿下。既是著名历史学家，又是受到周作人肯定的散文家，还是他的签名本，各方面条件都具备了，太难得了。今天本来想把这本书找出来给大家看一下，免得大家说你口说无凭，可找了半天没找到。我后来查到，顾颉刚的日记当中有记载。顾颉刚这个人很认真，书送给谁，他都有名单记在日记里。这点我很佩服这些老一辈人。我送书给别人往往会问“我这个书送过给你吗”，我自己都忘了。

现在其他学者写的，我基本都放弃了，就缩小到文学家这个范围之内。老一辈学者的书，我现在也不收了。譬如，有人通知我说有一本陈寅恪的签名本，那我也不会去收了，一是买不起，二是不在我这个范围里。但傅老师可能有兴趣啊，对不对？

最早，我也是无意当中收到的签名本，就是七八、七九年我在北京参加《鲁迅全集》注释定稿工作的时候。当时每周工作六天，星期天休息，我没有事情，除了走亲访友之外，其他的时间就跑旧书店。在北京比较热闹的灯市口的中国书店的门市部里面，看到有一批书，全是跟鲁迅研究有关的。当时见闻很有限，图书馆也有很多书不能借阅，我看这批书把四十年代到五十年代初的鲁迅研究资料收集得很全，就用了差不多一个月的工资，大概二十几块钱买下了。几十本书，平均一本也就几毛钱，一块都不到。买下来以后我才发现这批书是同一个主人的。这个主人的名字就叫赵燕声，这个名字有点像女性的名字，实际他是一位男士，在北京的。后来我才知道这个人很了不起，他是比较早地做现代文学资料整理工作的。他和当时的一位女作家苏雪林、一位法国神父善秉仁三人合作编了一部大的工具书《中国现代小说戏剧一千五百种》，其中作家介绍部分就是赵燕声写的。此外，他还编过现代文学研究书目之类的资料。唐弢在他的文章里曾经提到过赵燕声，而且说他还向赵燕声借过书，说明赵燕声的收藏很丰富。这批书是我收书以来跟我专业直接相关的第一批书，无意当中买下来的，其中就有鲁迅一个比较好的学生、后来成为台湾著名书法家的台静农编的《关于鲁迅及其著作》，这本书是第一本研究鲁迅的论文集，就是我所有的、赵燕声收藏的。后来，隔了很长时间，我才知道赵燕声这本书是个光边本，实际上还有毛边本。所以，这次我在复旦大学出版社出版的《中国现代文学文献学十讲》毛边本里放了一张藏书票，藏书票用的就是赵燕声收藏的这本《中国现代小说戏剧一千五百种》的封面，作为对这位前辈的一个纪念。赵燕声这个人现在已经有人研究了，也已经有研究文章发表了，但还有很多问题没有研究清楚。我买的这批书都有赵燕声的签名，而且都写着“某年某月某日于北京东安市场”。当时东安市场有很多旧书店，他在东安市场买了不少书。这批书里面还夹了很多纸条，他要研究鲁迅嘛，非常有意思。

接下来要介绍一下我在上海买的第一本跟现代文学相关的书。傅老师先看。这个是《忆》，一本巴金回忆自己经历的回忆录。你们灯光下可能看得不是很清楚，这本书封面文字有两种颜色，“忆”是紫色的，“文学丛刊”“巴金”是黑色的，很考究，这是第一批。这本书如果就这样的话，也很普通嘛，当时在上海旧书店淮海中路门市部买下来的，人民币七毛，零点七零元，很便宜吧？

听众：

哪一年？

陈子善：

八十年代初。

陈子善教授向现场听众展示珍本《忆》

听众：

七毛很贵了。

陈子善：

贵啦？哦，不贵。这本是软精装哦，这个勒口很硬哦。大家看，上面有巴金的字啊，“赠彼岸先生”，钢笔字“赠彼岸先生”。这本书是一九三六年出版的。三十年代的书我找了两本给大家看。彼岸先生是什么人？我当时买了之后就托柯灵先生去向巴老询问，巴老承认曾经送书给彼岸。彼岸先生是个华侨，在广州。巴老很聪明，没有再往下说。实际上，彼岸是他的同志，是个无政府主义者，而且是巴老的前辈，年纪比巴金大很多。你们百度一下可以查到，姓郑，叫郑彼岸，是位民主人士，新中国成立后在广东省文史馆任职。这都是有来历的，来龙去脉都能够查出来。除了赠彼岸这些，这本书本身也有来历。当时有一家书店——这家书店还和邵洵美有关——要出一套作家的自传，请巴金写了一本。巴金交了稿，可书印出来是删减过的，而且书价很贵。巴金很不高兴，就把版权收回，自己重新出了一本《忆》。它不叫自传，实际上是自传性质的。非常有意思。巴金的作品当年风行一时，但他早期的签名本很少见了。

三十年代的书我再找一本，"汉园三诗人"之一李广田的。"汉园三诗人"是何其芳、卞之琳、李广田。其中李广田不仅是个诗人，还是个散文家，四九年以后做了大官，做过云南大学校长，在"文革"中被迫害致死。李广田的第一本散文集是《画廊集》——这个书名多好！我手里的当然也是签名本，前环衬题签"嗣群兄指正，李广田敬赠，廿五年九月于济南"。这字是钢笔写的，已经褪色了。李广田是山东人，这个嗣群兄当时在上海，就是康嗣群。他父亲是开银行的，家里很有钱，但是他自己喜欢文学，在北大念书的时候就拜访过周作人，后来到了上海，跟施蛰存先生合作编过一本很有名的文学杂志《文饭小品》，四九年以后在上海出版界工作。有人专门研究康嗣群。这是送给康嗣群的书，商务印书馆出版的精装本。

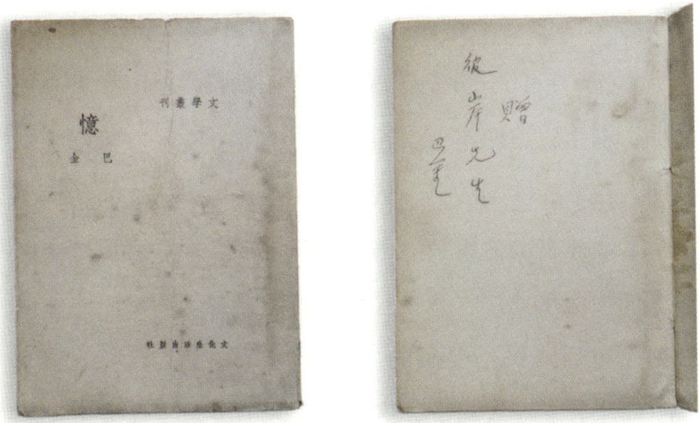

陈子善教授所藏珍本巴金散文集《忆》
前环衬钢笔题签：赠　彼岸先生　巴金

陈子善教授所藏珍本李广田散文集《画廊集》
前环衬钢笔题签：嗣群兄指正　李广田 敬赠　廿五年九月于济南

我考虑到傅老师是研究钱锺书的，那今天就必须要带两本跟钱锺书有关的书来。而且今年是钱锺书先生诞辰一百一十周年？这两本书都跟钱锺书有关。有关在哪里呢？都是别人送给钱锺书的书，钱锺书又都送掉了。这两本加上另外一本钱锺书送给唐弢的书，我在《签名本丛考》里面已经写了，我现在一共收藏了三本跟钱锺书有关的书，曾经钱锺书拥有过后来又不要了的书。这些送书的人都是他的朋友，但钱锺书眼界太高了，这些朋友的书放着干什么，就送掉了。人家朋友送给他的，他是不是看过都是问题了。

第一本是柯灵和师陀两个现代名作家改编自高尔基《底层》的剧本《夜店》。改编，就是把里面人物的名字都改成

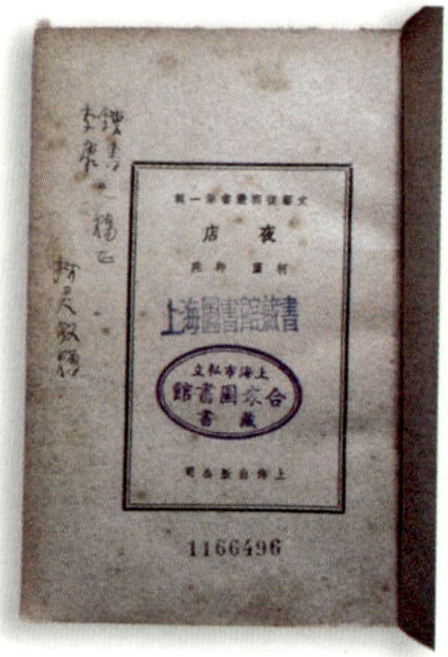

陈子善教授所藏珍本柯灵、师陀合著《夜店》
扉页钢笔题签：锺书 季康 兄赐正　柯灵敬赠

中国的名字，剧情也做了适当的调整。这本书是送给钱锺书和杨绛的。扉页题签“锺书、季康兄赐正”——也是钢笔写的——“柯灵敬赠”，这很客气的。这本书的流传过程是这样的：钱锺书不要了，捐给了合众图书馆。合众图书馆并入上海图书馆后，这本书成为了上海图书馆的藏书。上海图书馆又把它当作“破书”处理掉了……最后能到我手里，肯定不是我偷出来的，我花钱买下来的！这个很有趣，你们看，合众图书馆两个借书卡袋子都有。合众图书馆很有名，它的图书馆大楼现在还在。当然，钱锺书和合众图书馆是有关系的。这是一本。

第二本就更难得了。《手掌集》，这是赫赫有名的，四十年代王辛笛先生的新诗代表作。王辛笛先生也是我们上海的，这就是他的代表作，而且是毛边本，送给钱锺书的。前环衬钢笔题签“默存、杨绛两兄存正，辛笛，一九四八年一月”。这本书就是当月出版的，一九四八年一月出版。施蛰存先生有过一个回忆，这本书出版以后，王辛笛请他们几位好朋友吃饭。因为高兴嘛，是王辛笛第一次在上海出书。当时王辛笛在北京已经出过一本书，但是那本书是非正式发行的，他和他兄弟两个人的《珠贝集》，也是诗集。王辛笛请了钱锺书、施蛰存，还有其他几个人一起到家里吃饭。王辛笛家里经济条件比较好，他丈人是跟银行有关的，他自己也在银行工作，至少钱比钱锺书多。吃完饭，王辛笛就把《手

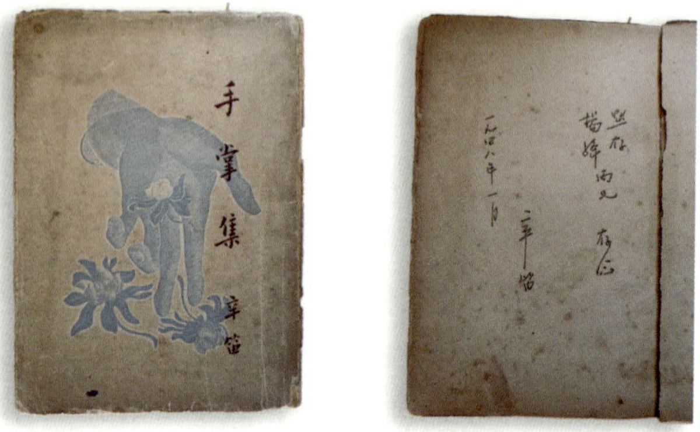

陈子善教授所藏珍本辛笛新诗集《手掌集》毛边本（道林纸本）
前环衬钢笔题签：默存 杨绛 两兄 存正 辛笛 一九四八年一月

掌集》送给钱锺书了，应该就是这本书吧。这本书封面的图案是一个手掌和一朵花，是一幅版画。当时上海正好出版了萧乾编的《英国版画集》，里面收了这幅画，王辛笛很喜欢。而且书里有首诗，题目就是《手掌》，所以这本书就叫了《手掌集》，还用这幅画做了封面。吃完饭出来，钱锺书就指着这本书在马路上和施蛰存他们调侃说，王辛笛钱那么多，这手松开一点就可以请他们吃好一点。钱锺书是很好玩的一个人。这本书很难得，当时印了西报纸本一千册、道林纸本五十册，送给钱锺书的应该是五十册之一。当然这个本子有一个普通的版本。这本就是一千册的，大家比较一下，大小不一样，封面的颜色也不一样。这你只有看实物才能够比较出来，你不看实物不知道。《手掌集》是非常难得的，在港台影响也很大。香港有一位女读者，很虔诚，因为当时买不到这本书，就借来恭恭敬敬手抄了一遍，后来就把她的手抄本赠给了辛笛先生。辛笛先生后来又把这个抄稿捐赠给了上海图书馆。这就是一个读者手抄喜欢的作者的书。我也抄过一本诗集，可惜想送却没机会——我抄过普希金的《叶甫盖尼·奥涅金》，整本书抄了一遍，但他很早就去世了。这个手稿还在我一位老同学手里。我说："你拿来给我看一下吧。"他答应有机会找出来，可是至今还没找到。

陈子善教授向现场听众展示《手掌集》西报纸本、道林纸本

四十年代还有一本。因为我们讲了男作家，还要讲女作家，男女要平等。施济美是四十年代上海很有名的一位女作家，这本书是她的代表作《凤仪园》。封面书名是压凹的，书脊上的"凤仪园"是涂银，不是涂金。这本书封面已经有点破旧了，但是打开来看，里面依然很漂亮。扉页毛笔题签"沈寂先生指正，施济美，一九四七·五"。这本书是非卖品，作者自己特别印了精装本送人的，有印数，没定价。印数是

陈子善教授所藏珍本施济美小说集《凤仪园》
扉页毛笔题签：沈寂先生 指正　施济美　一九四七·五

两千册，定价空在那边，没有的。施济美我不认识，但是这本书的受赠人沈寂，我是见过面、通过电话的，他是四十年代上海很有名的作家，前些年才去世。他当时在上海编一本名叫《幸福》的杂志，还编其他一些文学杂志，施济美是他的作者。施济美后来有部长篇小说《莫愁巷》非常有名。南京有个莫愁湖，它叫《莫愁巷》。《莫愁巷》在上海还没有连载完，沈寂就去了香港，他把施济美的手稿带到香港，最后在香港出版，五十年代还在香港拍成电影，影响蛮大的。后来因为香港当局认为沈寂是“左派”，他被驱逐出境，又回到了上海。沈寂老先生一直以为这本书没能在香港出版，以为《莫愁巷》这本书找不到了。后来，我在香港的一个旧书店里找到一本书，打开一看里面就是《莫愁巷》的内容，但书名改了。我发现这是一本盗版书。之前连载的内容我已经看过了，我知道它的内容就是《莫愁巷》的，但这本书是完整的，所以我判断这本书是出版过的。没有正版，哪来盗版呢？但正版在哪里呢？香港的图书馆里都找不到。一直到前几年，沈寂先生已经去世了，我在一次香港的拍卖会上发现了这本书，便把它买了下来，并不是很贵，因为人家不知道。可惜的是，沈老先生去世了，他临走时都认为这本书没能出版。他带到香港，交给别人出版，结果还没来得及出版，他就被驱逐出境了，所以他以为没出版。这本书有这些相关的故事，我是比较看重这些可说的相关的故事，当年这些文人、作家之间互相赠书，就说明了他们之间的关系。

最后一本。我既然来复旦这边，总要带一本和复旦有关的书，傅老师也当过复旦的教授，否则说了半天却和复旦没有关系。你们看，这本书印得漂亮吧，书名烫金的，《靳以散文小说集》。现在出的书也未必能够达到这种品质。这本书的书品还非常好。《靳以散文小说集》是一九五三年出的。这本也是靳以送人的，前环衬钢笔题签“朱雯、罗洪同志存，靳以，一九五三·十一月十九日”。朱雯、罗洪是夫妻，我今天拿来的很多都是送夫妻的，像钱锺书、杨绛。朱雯、罗洪这两位我都认识，我现在收书还有一个原则，书的主人或书的作者我都认识，或者见过面，或者通过信，或者

陈子善教授所藏珍本《靳以散文小说集》精装本
前环衬钢笔题签：朱雯罗洪同志存　靳以　一九五三　十一月十九日

与我相关的，对我个人来讲有点纪念意义的。朱雯是我的前辈，在上海师大的时候我与他同事过。他是著名的翻译家，翻译过《彼得大帝》和俄罗斯作家阿·托尔斯泰的《苦难的历程》等作品。还有雷马克的很多作品也是朱雯翻译的。罗洪是女作家，写过很多小说、散文，活了一百多岁，前几年才去世。这本书的作者靳以为什么和复旦有关？四十年代末他在复旦大学教书，是复旦大学的教授。后来，大家应该知道了，他与巴金创办了《收获》，一起主编《收获》，一直到五九年去世。当时具体的工作都是靳以做的。当然，靳以这本书带有时代的烙印，有人说他写的这些文章现在回过头来看都很差等等。但是这本书还是很有意思的。那么精美的精

陈子善教授所藏珍本《靳以散文小说集》精装本

装书，很好。这我要感谢一位朋友。他自己在网上买了这本书，结果被我知道了，我说："我很喜欢这本书，你能不能让给我？"他说："既然你喜欢，那就送给你。"他坚决不肯卖。如果我要，就只能送给我。我还是要了。

收书，就是要跟这些故事相关才好玩嘛。实际上你是在保存一段历史，别人可能不一定注意，不一定去追究这一段历史或这一段关系。比如，朱雯、罗洪先生我都认识，就留一点念想。不管怎么样，书比人长寿。我将来离开人世，这些书还可以流传下去，还可以让后人知道有过这么一段历史，作为作家之间友情的见证。这是读书衍生出来的。不读书我们就不会去追求这些东西，可能熟视无睹。因为读书了，因为了解了这些作家之间的关系，你就会去收集这些书。我已经写了《签名本丛考》了，我准备写第二本。还有很多，因为时间、精力有限，一下子有些还找不出来。

把这些作家和他们创作的非常生动有趣的故事跟大家分享，这点很重要，让文学史鲜活起来、丰富起来。文学史不是像某些教科书那么呆板的，条条框框那么多，它是非常生动、非常有趣的。有些是你意想不到的，按照我们一般的思路是想象不到这些作家怎么会发生这些关系的。

我再举一个例子，严格地来讲跟“书”稍微有点距离。前两天有人给我看了一张电影说明书。哪部电影呢？张爱玲编剧的在上海拍的第二部电影，《太太万岁》。那是张《太太万岁》的说明书。这不稀奇，当时电影上映都有说明书的。现在应该都还有吧？

听众：

没有了。

陈子善：

没有了吗？那今不如昔啊。说明书怎么可以没有呢，很奇怪，对不对？

听众：

音乐会有。

陈子善：

哎，音乐会有，电影可以没有。那是另外一个话题了，我不讨论了。

那是一张很薄的三十二开的红色的纸张。你想象一下，三十二开的，就像这封面一样大小的一张。很奇怪，又是红色的。上面写着“人民影戏院”几个字。我当时看到，第一反应是《太太万岁》当年上映的时候，上海没有人民影戏院。那时候还是国民党统治时期，哪有人民影戏院？再翻到反面，整页都是电影的剧情介绍。一看吓一跳，第一句话就是“这是发生在旧社会的故事”。四八年放的电影，怎么就“旧社会”了？那时候没有“旧社会”一说呀。根据这两点可以判断，这张说明书是一九四九年以后放映的《太太万岁》的说明书，不是四八年《太太万岁》上映时候的说明书。那到底是什么时候放的呢？我查了半天，发现当时上海没有人民影戏院。我还请教了研究电影史的专家。我问他有没有人民影戏院，他说只有人民大舞台，没有人民影戏院。不能差一个字，对不对？后来我去南京询问，还是没有。很奇怪，非常奇怪。我认为这个影戏院是肯定存在过的，但在什么时候呢？好在这张说明书正面还有一段话，提供了一个重要线索："下一轮放映电影《攻克柏林》。"那就要查四十年代末五十年代初有没有放过《攻克柏林》、什么时候放的。一查，果然有，一九五〇年为了庆祝十月革命三十三周年，十一月十号开始在全国十四个城市隆重上映《攻克柏林》。那么我们倒过来推算，《太太万岁》是在《攻克柏林》前一轮放映的，应该是在五〇年的十月下旬或者十一月上旬放映的。这样，放映时间可以大致确定。那么放映地点呢？十四个城市，上海、南京都被否定了，还剩下十二个城市待查，什么时候能查出来也不知道。但是至少我们得到一个信息，就是一九四九年以后在内地还放映过张爱玲编剧、桑弧导演的《太太万岁》。以前我们不知道，我们以为四九年以后这个电影是不能放的。

有的时候一个很普通的材料，往往会让你有一些意外的收获。讲到这里，我想大致可以对我的读书经历做一个小结：因为要教好书，所以不能不读书；因为要多读些书，就不能不买书；买书，买着买着就觉得自己还可以编书，最后自己还能够写书。就是这么一个过程。实际上每一个环节都不能说做得很好，勉强过得去。在有生之年，我还将继续在这个范围里面打转，转到哪一天，我自己也不知道。反正尽自己的能力多编一些、多写一些，将自己看着觉得还可以的书跟大家分享。就讲到这里。

傅杰：

今天来现场的朋友可以直接跟陈老师交流。也许在座的以前和他交流过，可能在他的微博之下。他在微博有一百万以上的粉丝。今天这个面对面交流的机会很难得，大家有什么问题可以随时提。

听众一：

其实我没上过您的课，但我从开始看张爱玲，便一直关注您的讲座。前些年专程搭乘火车去听了您在南京的关于张爱玲的讲座。我现在也在教书，今天带了不少学生来，让他们抓住机会向您请教一些关于张爱玲的问题。您的书我基本上在不同场合都签过了，但是前两天搬家一看……

傅杰：

你找我签书半分钟就够了，你找他签所有的书，他今天不能回去了。

听众一：

是。我突然发现了《迪昔辰光格上海》，我不大会讲上海话。

陈子善：

《迪昔辰光格上海》，迪昔辰光这样的写法不是我的发明，木心就这样写的。

听众一：

这还是在朱赢椿作为一颗新星冉冉升起的时候做的。

陈子善：

他那时候名气还没那么大，现在不得了。

听众一：

那时候还做得很认真，不仅仅为了艺术形式。然后我知道您收藏了张爱玲的《传奇》，我以为您今天会把张爱玲的《传奇》带过来。

陈子善：

主要找起来不方便。

听众一：

舍不得吧？

陈子善：

这些也很舍不得的。第一个，确实找起来不方便，放在另外一个地方。第二个呢，有一个普遍的问题，现在很严峻，就是这个书很容易坏，多翻了以后会脱线，就要小心翼翼。

听众一：

我最近看到网上有上海书店一九八五年出的影印版张爱玲《传奇》，这个本子收藏价值几何？

陈子善：

这个本子的收藏价值，你如果没有，当然可以收藏。

听众一：

没有，没有。一个是现在卖得很贵……

陈子善：

这个书都卖得很贵了吗？

听众一：

贵的得千把块吧。

傅杰：

就这个影印本啊？

听众一：

对，影印本。便宜的也得两三百。

陈子善：

它有没有品相描述？

听众一：

有的，是十品，十成品相。

陈子善：

这个我就很难帮你判断，要千把块的话，是贵了。

听众一：

我的朋友说你就一百块拿去吧。

陈子善：

一百块可以。

听众一：

好，谢谢陈老师。我跟同学们说签名本很重要，今天两位老师在，一定要请老师签字。对我来说，两位老师的签名本，肯定在我在的时候不会流出的……

陈子善：

不不不，结论千万不要下得过早。流出去也没关系嘛，再循环嘛。

傅杰：

我去年在志达书店做过一个讲座，介绍我主编的《近代学术集林》，那套书影印了很多民国时期的手稿和出版物。当时我就说过，民国的书比以前的线装书更不容易保存，因为那个纸很脆。

陈子善：

民国用的都是酸性纸。不过现在西方已经有纸张脱酸技术可以让书继续保存下去，但是我们现在条件还不具备。有一个装置，把书放到这个装置里做一些处理，可以把这个酸性脱掉，就能保存了。

听众一：

陈老师，我记得您的《传奇》是蓝色封面的吧，还是您还有其他版本？

陈子善：

张爱玲的《传奇》在一九四九年以前有三个不同的版本：初版、再版本和增订本。每一版本的封面都不一样。这就好比张爱玲自己喜欢换装一样。你讲的上海书店的影印本是第三个本子，增订本。一般研究张爱玲的《传奇》都是围绕这个增订本。

听众二：

陈老师，您好！想请教您一个问题，这个问题我也曾请教过历史系老师，就是想通过张爱玲了解一下，四九年以后，沪港之间，或者说广州到香港之间，什么时候开始人员隔绝的？好像四九年以后还有资本家“逃”到香港去的。

陈子善：

“逃”这个词用在这里不合适吧？当然，确实有一部分是“逃”的，“逃”的就是怕政府找他嘛。但是有的就是觉得待在这里不合适，就去香港了。这个需要查。张爱玲五二年还是能够去的，她是五二年七月份过去的。

听众二：

从上海还是从广州过去的？

陈子善：

从上海到广州，再到深圳，从深圳罗湖去到香港。这个她自己写得很清楚，过罗湖，我们今天去香港仍然是这条路。但是大概五三、五四年以后就去不了了，除非你有理由。我有一个小学同学，他的父母亲在香港，他跟他祖母一起生活。六十年代三年自然灾害的时候，他父母亲觉得孩子留在内地吃不饱影响发育，就写信给他祖母，要接他去香港。他那时候就作为探亲去了香港。我印象很深，我当时集邮的，就把我所有的邮票送给他了，作为一个临别的礼物。我跟他是最好的朋友，好朋友要远行了，我人虽然小，但也知道去了香港不知道哪一天才能回来了。从此以后，我就不集邮了，因为他去了。后来八十年代他回来了，来找我，我说："你怎么回来了呢？"因为他父亲在香港其实生活也很普通，就是自己开个小铺子修钟表，他在那里找不到女朋友，语言又不通，就回了上海。我说："还是社会主义好，对不对？"所以六十年代还是可以去的，但是你要有充分理由。当年张爱玲出去也是有充分理由的，因为香港大学复学呀。要有正当、合法的理由。

陈子善教授回答现场听众提问

傅杰：

余英时就是五十年代初过去的。

陈子善：

也是五十年代初过去的。

听众三：

陈老师，您好！我读了您的《说不尽的张爱玲》，其中有一篇是关于《十八春》与《半生缘》的，可以请您讲一下为什么张爱玲会把《十八春》改编成《半生缘》吗？

陈子善：

请坐，请坐。如果简单地说的话是张爱玲为什么要出《半生缘》？因为她要把这本书拿到台湾去重印。在当时的历史语境下，《十八春》是不需要修改的，因为《十八春》的尾巴写到了一九四九年以后，写到了"新社会"，几个人物都参加了祖国大陆的建设。但要拿到台湾出版，显然是不合适的，就要把尾巴改掉。当然，不能单单把尾巴改掉，必须把后面的部分作适当的调整，才能天衣无缝。所以，她必须要修改。否则这本书没办法在台湾出。你明白我的意思了吗？是在那个历史语境下。今天《十八春》再在台湾出版，应该没有问题了。

听众三：

仅仅是因为政治因素吗？

陈子善：

政治因素是主要的。不是她自己的政治因素，是客观的政治因素造成的。当然，她自己可能对这个小说的尾巴也不是非常满意，所以要修改。那个时候，张爱玲的书在台湾出版被改动，这不是第一次。很多地方都改动过。她另外一个小说《等》有个细节就被改掉了。里面写到一个场景，很多女病人去医院看牙医，为打发无聊的排队时间，她们便开始互相抱怨，说重庆很糟糕，通过一个法律允许已婚男性在重庆再娶一房太太。当时因为长期战争，男人去了重庆，妻子留在上海，导致长期分居。为了让在重庆的男士安心工作，当时的蒋介石政府就通过了这样一个法律。那么这些上海的太太就很气愤，开始指责蒋介石政府、骂蒋介石。这个小说在台湾出版的时候就把这一部分删掉了。所以这是不稀奇的。《十八春》不也写到了四九年以后吗？对于张爱玲来说，与其让他们胡乱删改，还不如自己修改，改得好一些。有这个原因。

听众三：

可是胡兰成说张爱玲是个人主义者，您怎么看？

陈子善：

个人主义者很多，你能指望她是集体主义者吗？

听众三：

但是关于张爱玲的分析里，其他人评价张爱玲都不是这样写的。

陈子善：

胡兰成这样评价张爱玲是他的看法，你需要自己思考一下他讲得有没有道理，对吧？当然我也不主张你就相信胡兰成讲的。当然，胡兰成那句话是对的，我也认同，“鲁迅之后有张爱玲”，这个是对的。

听众四：

陈老师好，他们都问张爱玲，我想问一下另外一个人。您以前花了很多功夫研究和编集民国时期已经成名的人的作品，比如周作人、张爱玲、陈梦家。我想请问是什么缘由或机缘，近些年您把主要的研究精力放到了黄裳身上。

陈子善：

黄裳民国时期也出名的呀！

听众四：

我知道像黄裳会讲他是一个古籍收藏家、散文家，但印象里他的作品主要是改革开放之后出版的。我想了解一下黄裳身上有什么吸引了您？我看在座的都关心张爱玲，关心黄裳的很少。

陈子善：

在我看来，四十年代以后的散文家当中，黄裳是很出色的，而更难得的是他对中国古籍版本很有研究。你有没有注意到一个现象，现代文学作家当中对传统文化，尤其对古籍版本很有研究的人不多了，很少。郑振铎算一个，阿英算一个，大概不超过十个人，就三五个人对古籍比较有研究。黄裳的散文是一流的，写得非常好。我不知道你的感受和体会怎样，我觉得他的文字读起来很舒服。

听众四：

您主要是因为他散文好，还是因为他是个很著名的古籍收藏家？

陈子善：

这个是两位一体，它是结合在一起的。他很多关于古籍的文章和散文编在一起，你不能截然分开的。这是一个原因。第二呢，我不排除我跟黄裳有很多交往，他对我有很多帮助。那么现在他去世了，需要编相当于全集规模的《黄裳集》，我作为后辈尽点努力，这是应该的吧。他是个很好的散文家，文学史上应该有他应有的地位。而且这个散文家还是书话家、版本学家，这样的人很难得。他不像其他作家一样写小说、写诗，他都不写，但他的旧体诗写得很好，最近有人将他的旧体诗雕板出版。这样的人属于一流的散文家之列，当然应该研究。

讲到黄裳，我还发掘过他的一个剧本《南国梦》，早年跟黄宗江一起写的。这个剧本也是跟刚刚去世的女演员黄宗英相关的。可惜的是，剧本被我发掘的时候黄宗英年纪大了，已经讲不清楚这个事情了。这是黄裳专门为黄宗英写的。钱锺书那副对联怎么写的？我一下子背不出来。

听众四：

遍求善本痴婆子，难得佳人甜姐儿。

陈子善：

对。这个是黄裳跟黄宗江合作，用“黄容”这个名字发表的，因为黄裳原名容鼎昌。

听众四：

那您觉得黄裳对黄宗英是有那个意思吗？

陈子善：

当然有那个意思了。他也不否认那个意思啊。

听众四：

但我的朋友写文章辩驳，说没有这回事，这是牵强附会，“黄裳”不是“黄宗英的衣裳”的意思。

陈子善：

对！这个要分清楚，“黄裳”跟“黄宗英的衣裳”是两个不同的概念。黄裳喜欢黄宗英，绝对没错，是不是变成“黄宗英的衣裳”，这可以有另解。你明白我的意思吗？

听众四：

我明白，但当时有很多传说……

陈子善：

但是他的文章里写清楚了，他编这个剧本，是为演员定做的。你要研究的话，当时就是黄宗英啊，他跟黄宗英关系又那么好。而且他讲他去重庆的时候把这个剧本留在了上海，没带走。谁把它在《杂志》上发表出来的？就是黄宗英啊，因为黄宗英就在《杂志》上发表文章。这个是非常有趣的，我觉得不奇怪。

至于我为什么编黄裳的文集，就黄裳的文坛地位而言，当然是值得编的。

听众四：

这个文集您预计什么时候会出版？

陈子善：

在不远的将来。它不叫全集，叫《黄裳集》。根据以往的经验，“全集”总是不全的，干脆就叫《黄裳集》。

听众：

能找到的都收进去了。

陈子善：

对，两个“能”哦，不能只有一个“能”哦，能找到的、能收进去的都收进去了。

听众：

能找到的、不能收进去的还有吗？

陈子善：

不排除这种可能性。因为出版有纪律，我想要收进去，但出版社认为不合适，那就不能收。所以，能找到的、能收进去的，我都收进去了。但这个重点在“将来”，不在“不远的”，在“将来”。我估计大概三五年吧。进度比较慢，不过我们要有信心，你年纪轻，总看得到的。我都有信心，你更应该有信心。

傅杰：

好像我的老同事我们复旦大学中文系的现代文学专家杨新宇教授也坐在后面，杨老师讲一讲？

杨新宇：

陈老师好。

陈子善：

让你浪费一个晚上的时间，本来可以写一篇文章的。

杨新宇：

过来听一听。陈老师，那我问问，您刚才提到作者家属，您在研究过程当中有没有遇到过要开展某项工作却遭到家属反对的？

陈子善：

我前面有讲到邵洵美，但是要这样说，邵洵美的大女儿是认可的，她没有反对我这样做，但她的妹妹曾经表示过不理解，觉得你为什么要这样写我的父亲。我说，我没有恶意，丝毫没有要贬低邵先生的意思，我只不过是如实地编。因为这些已经白纸黑字出版了。我与作者家属打过不少交道，当然也有各种各样的家属，但只要你以诚相待，大部分是支持和理解的。我们没有任何不可告人的目的，我们是为了研究、为了学术。我们把你们父辈的作品编出来，你们也可以拿稿费，有什么不好的？又不涉及隐私的。

当然，有的时候各自看问题的角度不一样，可能会产生分歧。我不知道你有没有碰到类似的难以处理的？

杨新宇：

对，有一些。

陈子善：

这里可能涉及更大的问题，我在这里是乱说了，我们的版权法可能要进一步完善。为什么这样说呢？家属子女可以享有版权，在作者去世五十年内可以获得应有的报酬。但作品能不能发表，不应该由家属来决定。现在是家属决定的，让发表就发表，不让发表就不能发表。哪怕研究者发现的都不能发表。这个是一个很大的问题。我觉得家属应该只有拿钱的份儿，不应该决定作品是不是能发表。人无完人嘛，哪怕他这篇文章很差，这篇文章在骂人，都可以给大家看嘛，这有什么的。版权法就过分强调了这一方的利益，而没有强调更广泛的利益。你把整理权也归家属。整理是要有研究者参与的，没有研究者参与，家属们难免会为逝者讳、为长者讳、为尊者讳，中国的传统就是这样，“三讳”嘛。那你怎么办？你不能要求他大公无私啊。就要有机制来保障，但现在没有这个机制。

包括我跟张爱玲，我发掘她《小艾》的时候，她也很不高兴，她的朋友也很不高兴。当然，稿费怎么处理，跟我没有什么关系，我没有多拿一分钱。我不知道那些法律专家是怎么考虑的，不能只顾家属的利益，需要保障机制来更妥善地解决这些问题，否则不利于学术。

听众：

国外怎么解决的？

陈子善：

国外版权时间更长，有的七十年，好像家属权利也蛮大的。但是国外这样解决不一定对啊，我们是社会主义啊，要更大公无私啊，要从最广大的人民群众的利益出发。

对，杨老师在，我觉得今天应该推荐一本书。喜欢诗歌的朋友注意了，杨老师刚刚编了一本诗集，叫《你没读过的诗》，这本书值得一看。这个是杨老师花了很大工夫发掘出来的。

傅杰：

杨老师是现代文学专家，也发掘了很多现代文学，对诗

现场听众记录讲座精彩内容

歌有很好的研究。

陈子善：

傅老师做过中文系领导，了如指掌。杨老师编这个诗集啊花了很大的功夫，充分利用了互联网无穷的威力，把很多诗都找出来。我们不能迷信那些大诗人，有的大诗人其实写得很差，没有诗味。他书里那些诗，很多人的名字都很陌生，名头不大，但是诗本身很有特色。这就让我们知道，当时新文学起来的时候，有很多人在尝试新诗。那些诗人当年写诗，就像现在写网络小说一样。网络小说现在什么人都能写，但写得好的没几个。但是那本书里，几个无名的、名气不大的写得非常好。建议喜欢诗的朋友可以去找来看一下，肯定有意外的惊喜。

傅杰：

一晃已经到了九点，子善老师从他工作生涯开始讲述，讲了他教书、读书、买书、访书、编书、写书的经历。时间很短，但是通过他的片段介绍，我们可以看到他大半辈子都在做一个勤勤恳恳、兢兢业业、辛辛苦苦，但又是快快乐乐的读书人、教书人和编书人。我想，这是值得包括我在内的所有的朋友羡慕和学习的一种精神状态。

陈子善：

不好意思，我再补充一下。他一讲我想起来了。傅杰先生的老师王元化先生我是尊为师长的。有一点要讲，王先生是不喜欢张爱玲的，对张爱玲是有所批评的。我研究张爱玲以后，发现了这个问题。本来没有关系，王先生确实对我很好。但有一件事情，我至今找不到答案。是什么事情呢？王先生知道我喜欢书，他写京剧改革的一篇长文，印了一个线装本。那次我跟王先生一起吃饭讲起来，我说："这个书好。"王先生说："好，你什么时候来取？"我很开心。结果正好是清明时节雨纷纷，我没有及时去取。王先生还给我打电话问："你怎么不来取了？"我说："等天气好了，我来取。”过了一段时间，我给王先生打电话，问什么时候可以去看他、去取书。“书我已经交给一个人，让他带给你了，你没收到吗？”我马上去问那个人，他却说：“怎么回事？王先生根本没有给我过，我冤枉。”我说：“你不要吃没。”他说：“不会呀，王先生一定写了你的名字。”我也觉得他肯定不可能，所以至今这本书都没有下文。但是王先生肯定交给了某个人，某个人就吃没了。

这是一件非常遗憾的事情。当然这都怪我自己，没有及时去取，否则什么事都没有。所以第二次，王先生线装的《清园文稿类编》出版以后，又一次吃饭，王先生提到这个书出版了，我说：“今天晚上我送你回去。”“那么晚了？”我说“没关系，我送你。”——他那时候住在衡山宾馆——要到手才放心。我主要要讲什么呢？就是因为王先生不喜欢张爱玲，后来我就不敢经常去王先生那里，怕老人家不高兴。万一聊天谈起，老人家不高兴、不舒服，我这责任重大。后来，就说到黄裳了。我跟黄先生开会，我就问他说：“邀请哪些人，你开个名单给我，我去邀请。”他名单上第一个就是王元化先生。那我就有理由去找王先生了。王先生说：“会我就不去了，我写一幅字。”王先生从陆机《文赋》里抄了一段话，对黄裳先生评价很高。然后，我去拿字的时候，王先生就跟我说：“你要顺便帮我做件事情，找一篇文章。”他发表在《时代日报》上面的一篇文章，让我找。我说："这个方便。"后来我找到了就自己送过去。《时代日报》在王先生文章的前后另外有一篇文章，也是骂张爱玲的。我就问王先生："这篇文章的笔名非常陌生，不知道是谁？"王先生就笑了："你这个也不知道？"他的意思就很明白：你不是搞史料的吗？这个都不知道？"这个人就是满涛。"王先生的连襟满涛。我当时很开心，如果王先生不讲，我确实不知道，也没人关注过这个问题。王先生知道我是研究张爱玲的，但是他还是指点我了。我后来还专门写了文章。

听众：

那幅字现在在谁手上？

陈子善：

在黄裳先生家里。

听众：

不是在您那儿，是吗？

陈子善：

没有没有，这个要讲清楚。因为这幅字王元化先生写得很清楚的："庆祝黄裳先生米寿，并祝黄裳散文与中国文化研讨会召开。”我只是拿回来，展示以后印到《爱黄裳》这本书里去了。之后我去黄裳先生家里，黄裳先生马上说:“那幅字呢？”我说：“哎哟，我忘记了，下次带给你。”后来就给到了黄裳先生。黄裳先生很注意的，这幅字他很看重。

傅杰：

黄裳先生是著名收藏家，绝不会让这样一幅字被他拿走的——你们对黄裳先生了解太少了。

认识子善老师快三十年了，我特别佩服子善老师，他几十年一直都能保持着这样一种孜孜不倦的搜书、读书、写书的状态。刚才他提到我们编的“海豚书馆”，它做了几个系列，设计了同一个封面，但不同的系列用不同的颜色，就像商务印书馆的“汉译世界学术名著丛书”

“海豚书馆”分了几个系列，陆谷孙先生负责译著，董桥先生负责在世的海外作家，孙甘露先生负责在世的海内作家，子善先生负责过世的海内作家，葛兆光先生负责在世的海内外学者，我负责已经故去的海内外学者。不同系列不同的颜色。我主编的那个绿色系列出得最少，目前“海豚书馆”一共出了不到一百本吧，那绿的大概只出了十本左右，而子善老师主编的粉红系列出了三四十本。

这个跟研究基础有关。所以我是非常惭愧的。我是教《论语》的，他这样的状态就像孔子的那句名言说的：“知之者不如好之者，好之者不如乐之者。”我想，我们从事任何一个职业，在事先投入的基础上有兴趣点了，慢慢要把它变成你的爱好，最终要把它变成你的快乐。这种快乐就完全达到了鲁迅先生所说的那种境界——读书如赌博。就像今天爱打麻将的人，天天打、夜夜打、连续地打，有时候被公安局捉去了，放出来还继续打。打麻将的妙处在于一张一张的牌摸起来永远变化无穷，而读书也一样，每一页都有深厚的趣味。

子善老师的那么多书，都是一本本，一个星期天一个星期天从各个书店收集起来的。当时陆灏、张明扬、黄晓峰、郑诗亮他们办《上海书评》，在《东方早报》还有纸质版的时候做了个“海上书房”的专题，第一个就是子善老师的，第二个是周振鹤老师的，第三个是我的。子善老师的书几次搬家都放不下。我的书远不如子善老师多，也没有什么珍本，但是我完全相信他，他的珍本已经多到一下

陈子善教授与爱猫强弟书房留影

子找不出来的地步了。

陈子善：

我主要是“偷”来的。

傅杰：

子善老师一本一本地出书，从早期的郁达夫、徐志摩研究，到《拾遗小笺》《签名本丛考》，一直到今年《中国现代文学文献学十讲》。就像他刚才讲的，他会有读唐弢先生《晦庵书话》的乐趣和快乐，又可以从中得到很多学术上的滋养。

陈子善：

我再补充一句哈。也有遗憾。最大的遗憾就是，九十年代后期上海的一个拍卖。拍卖什么呢？一本林语堂一九二九年到一九三〇年的日记，记在商务印书馆出的一本日记本上的。我倒不是遗憾没有买下来，因为我们工薪阶层，没办法和经商者竞争。那次买下这本日记的是一位房地产商人，一位收藏家，但是他主要收藏明清的字画。我就问他为什么突然对林语堂感兴趣，他的回答出乎我意料，也非常有趣。他说：“不是我感兴趣，是我的儿子喜欢林语堂，喜欢读林语堂的小说。他生日到了，我买这本日记，送给他作为生日礼物。”有钱人就可以任性。当时的拍卖对外宣布的定价是三十万，那是二十多年前，九十年代后期。当时上海电视台做了专题访问，我也参加了。我感到后悔的是，有一次出国上飞机前我接到他的电话，他提议和我商量如何利用这本日记，或者想办法让它出版。我当时回复他，我马上要出国，等我回来我们再商量。结果等出国回来，事情一多，我就忘了。等再过了一段时间，我就得知他已经转手到北京拍卖掉了。现在这本日记在谁手里，我就不知道了。

这本日记非常重要，非常有意思，我在几个不同的场合都讲过。当然这个日记的整理有一定难度，字迹比较潦草。因为日记都是写给自己看的，也没想过身后会发表。而且林语堂的日记有中文、英文、德文三种文字，有钢笔、圆珠笔、铅笔三种字迹，很凌乱，整理是有一定难度的。所以这本日记什么时候能够公开，什么时候能够让大家来利用，还是个未知数。这个有点遗憾。当然，当时即使要整理出来出版也有难度，因为林语堂的文字那个时候有版权，版权也不是很容易解决。如果家属说“这个日记我们要看一下”，发表就不会那么顺利了。作家的日记实际上非常重要，对研究一个作家来说必不可少。

听众：

当时您出了多少？

陈子善：

我只举了两下就举不下去了。没超过十万。这个没办法。如果当时我有现在的条件，那可能就有机会。但是你也要想，你举到三十万，人家的报价还会上去，这对他们来讲不是问题。我知道第二次在北京拍卖是八十万，这个价格在今天来看还是少了，因为林语堂一九四三年的日记也已经发现了，在香港拍得很贵，过百万了。

那本日记的信息量很大，尤其涉及了林语堂跟鲁迅的关系，他怎么跟鲁迅闹翻的，有非常重要的内容。有一点我是可以肯定的，因为那本日记我从头到尾翻过。林语堂是工作狂，他写得很清楚，“今天工作八小时”“今天工作十小时”……非常厉害，林语堂是非常勤奋的。这个“八小时”不是随便写的。当然，他也很会享受生活，是一个非常真实的人，今天晚上去跳舞场跳舞，今天晚上跟几个人搓麻将，都有。该享受生活的时候就享受生活。

刚才讲到读书，这只不过举个例子，还有很多遗憾的事情。刚刚他讲去文庙买书，后来我就去得很少了，因为路远。之后想想还是很遗憾，仍然应该坚持去。人生有很多遗憾，只不过希望在以后的日子里能减少一点遗憾。

傅杰：

你也不能把所有的好书都买完了，你的遗憾就是青年人的机会。无论是买书还是做课题，得留一点儿给青年人继续做。陈老师工作勤奋，大家都是可以体会到的。但是他跟林语堂一样，也很会生活，爱看电影，还是资深乐迷。我总在想，能读书的人真幸福，乐迷能扩大自己的眼界，把自己修炼成像陈老师那样的文化人，真幸福。陈老师一直到现在都保持着这样年轻的状态，同时也保持着对工作痴迷的状态。

今天来志达书店做讲座，陈老师比我先到，我只好建议他先去楼下志达书店转转。一进去，他今天又消费了，他买了两本书，盖了一个志达书店的章，还拿了志达书店的袋子。他买的书其中一本是法国历史学家莫娜·奥祖夫的《小说鉴史》，将巴尔扎克、雨果等的小说与当时的历史联系起来，收入商务印书馆"汉译世界学术名著丛书"。这些内容跟他研究的现代文学并不直接有关。真正好的学者就是这样。不论是我原来在杭州大学读硕士时的导师姜亮夫先生，还是来沪读博士时的导师王元化先生，都是过了八十岁了，还在常问最近有什么好书。陈老师现在七十多岁，还时不时跑各种书店，而我们一些不在状态的，想着六十岁就要退休了，就不买书甚至不怎么读书了。我觉得这种状态还不是钱的问题，直接影响人生的境界、人生的精神状态。在座的有我们的青年教师、博士生、硕士生、本科生，希望大家以陈老师为榜样，终身培养和保持一种对文化的爱好，对书的爱好。等你们到了我这个年纪，甚至陈老师这个年纪的时候，能回想起来自己对书的爱好有志达书店这个讲座的影响，那就是我们办这个讲座的意外之喜了。

去年举办了隆重的子善先生荣休典礼，网上也有报道，后面有许多人留言。其中一位先生留了新加坡学者郑子瑜老教授的话。郑子瑜教授已经过世好多年了，他也在复旦做过兼职教授，是一位著名的修辞学家，也是一位跟郁达夫、周作人都有过交往的文学家。他有一句名言："阿英之后有子善。"阿英是专门搜集近代文学史料闻名的大家。还有一位先生留言说："一位德高望重的前辈，一位誉满学界的教授，一位慈祥睿智的书友，一位藏书丰富的大家，今天他的荣休为我们再次上了生动的一课。这就是精彩的人生，向子善先生致敬。"那个会上只是大家谈子善老师的成就，子善老师在那个会上不可能讲上两个小时的课。我们今天能够亲耳听到子善老师给我们在座的和镜头前的所有朋友讲两个小时他精彩的人生，这是我们今天特殊的收获。再次谢谢子善老师！

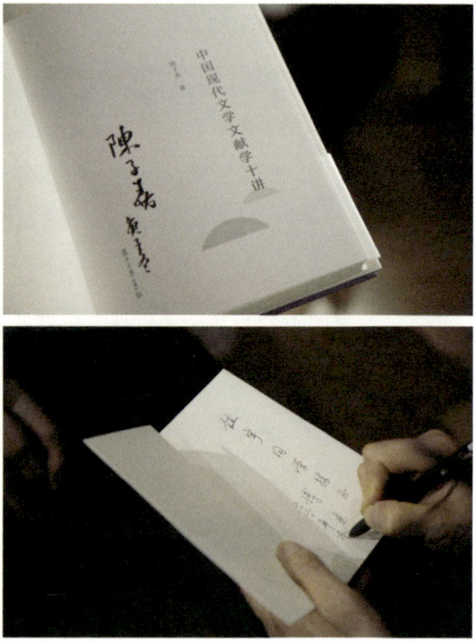

陈子善教授、傅杰教授为现场听众签名

店小书香浓，
志达更发达。

陳子善

2020.12.23

第五讲　陈尚君

读书是需要靠激情的

陈尚君

复旦大学特聘资深教授、复旦大学中国古代文学研究中心主任、复旦大学任重书院院长，中国唐代文学学会会长，全国古籍整理出版规划领导小组成员。

著有《汉唐文学与文献论考》《唐代文学丛考》《唐诗求是》《唐人佚诗解读》《贞石诠唐》《行走大唐》《宋元笔记述要》《濠上漫与——陈尚君读书随笔》《转益多师》《敬畏传统》《我见青山》《星垂平野阔》以及文献考订著作《旧五代史新辑会证》《全唐诗补编》《全唐文补编》等。

傅杰：

先祝在座各位和在看转播的所有朋友们新年好。今天是我们志达书店“我的读书经验”讲座的第五期，也是二〇二一年的第一期。在座有几张面孔是我们开办这个系列讲座以来我一直在这里见到的。陈老师之前已经来踩过点了——因为他的书在中华书局出的时候，现在中华书局的老总，也就是我们第二讲的嘉宾徐俊先生是他的责任编辑。陈尚君老师那天曾来助阵，徐俊先生是中国唐代文学学会的副会长，陈老师是会长，那在这里跟徐总从头坐到结束，看过前面转播的朋友也都熟悉了。当然还有不熟悉的，我还是要介绍一下。

我上次在陈子善老师的讲座当中说过，我们希望把最好的老师请到我们这个讲座、这个课堂上来。比如要论对敦煌文献的熟悉，荣新江先生肯定是第一人；要论对现代文学文献的熟悉，陈子善先生应该是第一人；要论对唐代文献的熟悉，我上次说过，陈尚君老师是公认的第一人。

除了多种唐代文献、唐代文学的著作之外，他以一个人的力量订补了清代人编的《全唐诗》，订补了清代人编的《全唐文》，新辑佚了二十四史之一的《旧五代史》。现在他又以一个人的力量完成了《唐五代诗全编》的工作，所以我们一直使用的《全唐诗》也快该换个本子了。这个书顺利的话今年能出来吗？

陈尚君：

明年，明年出。

傅杰：

陈老师又以一个人的力量订补了逯钦立先生的《先秦汉魏晋南北朝诗》，因为那本书是二十世纪四十年代做的，缺漏难免也比较多。

尚君老师有很多外号，比如说“唐代户籍警”，因为他对唐代人太熟了。中华书局要出一本他的书——《我认识的唐代诗人》，我上次一听就说这书名太没意思了，我们想知道哪个唐代诗人是你不认识的，你要写一本《我不认识的唐代诗人》，这个才有意思，因为我们觉得任何唐代诗人都是他认识的。

尚君老师插过八年队，并不像我们现在从来没有过曲折经历、从中学读到大学那样的顺。而他学问做到这个地步，一定会有很多故事。他读研究生的时候，我们复旦大学中文系当时的系主任朱东润先生，也是他的导师，看了他的一篇文章曾说：“你会给复旦带来光荣。”这实在是太高明的预见。

尚君老师在中文系当过系主任，我刚来复旦的时候做博士后，他是副系主任，我一正式入职他就是系主任。因为都爱书，我那个时候也不怎么把这位顶头上司当领导，因为同

傅杰教授介绍陈尚君教授

在一个系，也没有对大学者的敬畏感。当系主任总归会遇上烦心的事，有一天，在走廊上我看着他皱着眉头走过来，然后我就截住他说鹿鸣书店又来了本什么新书，他立刻眉开眼笑："真的啊？"我当时就跟他说："你赶紧辞职吧，不要当系主任了。"一个人对书痴迷到这种地步，才能够读好书，才能够在学问上做出重要的贡献，也一定能够给我们今天带来很好听的故事，欢迎陈老师。

陈尚君：

各位现场观众，各位网上的朋友，晚上好。谢谢傅老师今天邀请我来做讲座，这是二〇二一年的第一次开讲，对我还有更特殊的意义，在今年的新年，我已经是第七十个年头看到太阳了。

我出生在一九五二年，今年虚岁七十了，但是自己感觉还没有老，所以还在努力地工作，像年轻人一样。当然来讲，我对所有年轻的朋友都心怀羡慕，你们真好。二〇一九年我给夏婧老师的一本书写序，王水照先生在宋代文学年会上说，序文里有四个字他印象特别深刻，“年轻真好”。

我现在七十岁，也是可以回顾自己人生经历的时候了。有几个关键点。我中学仅仅上了一年，初中一年级都没有读完，“文革”开始就休学了。在务农八年以后，我是在一九七七年的三月一号到复旦大学的，是最后一届工农兵大学生。高考还没有恢复，所以我得到这个机缘混入大学。但是到第二年，就是七八年的三月，我就报名考研究生，而且当年是以专业分数第一、总分第二，考取研究生的。那是第一届研究生，所以我的同学都比我年纪大很多，我当时算年轻的。

这以后如何在学术上摸索一条道路，做真正有意义的工作，有一个比较漫长的过程。最初很辛苦地爬职称，我也很特别，从讲师升副教授爬了十年，但是从副教授到做系主任，仅仅只有四年多。在这以后还做了一些自己没有预想到的工作，特别最近几年，我觉得很大的变化就是，以前我觉得比较通俗的文章，或者有一些性情的文章我不太会写，但是最近几年忽然一下子有兴趣了，写得很多，对自己也有新的看法。

我在复旦到现在为止已经是第四十四年了，觉得自己很幸运，但是从回顾人生来讲，我觉得也是充满艰辛的。

虽然我研究古人说起来头头是道，但要回顾自己人生的时候，有时我只好告诉大家，我自己也说不太清楚。因为我自己非常清楚，我在一九七七年第一次到复旦的时候，我不知道大学是干什么的，不知道大学是分科系的，也不知道大学是怎么教课的。

但是仅仅一年多以后，我能够顺利地考上研究生，自己有一个很大的蜕变。那么回过头来，我自己觉得最特别的，是“文革”的十年之中，自己是如何度过的，怎样在艰难的环境之中得到一些偶然的机缘。

小时候看的比较多的是连环画

我在这里稍微回顾一下自己年轻时候的经历。我的父母是宁波人，但是客居在南通。我小的时候家境还可以，大概是六七岁以前，父母每天晚上带我去看越剧，唱什么我不记得了，但是从小有这个节奏感。以后读小学，是南通师范学校第四附属小学。

南通是一个特别的地方，我们现在经常会讲清末状元张謇在南通办实业，我这些年回顾，可能在南通得到了很多意想不到的收获。南通小学到中学的教育，以及南通的文化氛围，可能都曾经影响过我。就说小学，教的东西不一定很浅，我记得小学的语文老师，曾经在四十年代做过海安李堡镇的镇长，当时对我还蛮有好感，觉得我考南通中学一定能考得中。

可能是中考没有考好，我就进了南通市第二初级中学，那个中学在南通市属于中等。我觉得可能在“文革”期间有一个特别的地方，那时候我很年轻，当然不懂事，但是毛主席有一句话，叫你们要关心国家大事，要把“文化大革命”进行到底。进行到底我没有能力的，但是关心国家大事，是每个人只要抱着好奇心都可以关心的。所以我当时关心的办法，就是每天晚上或者我一个人，或者陪着母亲，把南通市的一条街的大字报从头到尾看过去，每天都看。我相信在这个过程之中，南通的文化氛围对我也会有一些影响。

我自己读书，能够记得起来的，是在小学二年级的时候向任课老师借过一套线装的《水浒传》，我在小学的时候也读过线装的《三国演义》，看懂了没有，我真的没有办法回忆，就是硬看了一些有趣的故事。当时看的比较多的是连环画。在这样的环境之中，“文化大革命”开始，整个社会开始动荡，但是对我来讲也没有忧患，也没有能力，整个过程是看热闹。

我在农场高强度劳动，也如饥似渴地读书

一九六九年的三月十六号，我们一批知青响应号召到南通海门的江心沙农场——一个靠近长江边上冲击形成的小岛。当时无知到一个程度，总觉得一个岛是站在那个地方，四边都是水。到了那边以后，才从顽童的心理回到现实。最初的三年是被当地的农民管，因为这是国营农场，叫老职工管知青，所以我们真的是吃了很多很多的苦。

后来四五年，我们知青管老职工，被管着的日子很辛苦，管人的日子很高兴。我还可以和他们农村的孩子们吹吹牛。我当年曾经管过六七百亩土地，每天早晨天不亮就开始叫人家下地，天天站在农场村头布置农活。

我在家里做事或者其他能力都很差，但是在农场这八年，经历了最艰苦的锻炼，自己身上软弱、脆弱、很无知的状态改变了。有些事情现在的年轻人不容易理解，我们当时可以说把自己人生的能量无限放大，体会到中国农民的艰难，和中国农民一起生活，在承担最艰苦的农活之中，经历了体力上和精神上最严酷的考验。

陈尚君教授一九七六年江心沙农场留影

我这么说没有夸张的成分。我们是个大农场，农场里边有几千知青，当时劳动的艰辛，远远超过我们的能力。比方说挑担子，当我挑起担子的时候，我的腿就在发抖，但我挑着担子要走几里路，就这样我还要承担其他的管理工作。比方说我们现在拾棉花，如果现在的学生到农村去，会觉得充满着浪漫情调，但是当你是进行计分的管理，你自己负责一个单位，每天就在那里称量某一个人拾起了多少棉花，进行这样的统计的时候，人的生存可以放到最大的能量。我自己能够自豪地说，我当时作为一个知青，和农民一起工作没有任何的懈怠，自己原来的无能得到最大程度的锻炼。在复旦的几十年之中，我对务农的经历和感受，以及生存的状态没有太多改变。中国农民的顽强和生命放大是无限的。

但是，我觉得我到农场有很多很幸运的地方，和别人不太一样。我是初中生，但是我们农场的连队，有一批是南通中学高一的学生，当时很明显感觉高一的学生比初一的学生要成熟许多。他们曾经有个语文老师做过唐宋词研究，很有名，叫严迪昌。他们那时候就经常说严老师如何如何，严老师指导他们读的书，在农场辗转就到了我这里。

在劳动的艰苦中，我身边有一批比我学问好的中学生，真是一件好事，我看到我们的差距，也就跟着读书，整整八年时间。我准确地记得，我是一九六九年三月十六号到农场，一九七七年的二月二十六号离开的，八年差二十天时间。这段岁月，我既经历了高强度的劳动，又如饥似渴地读书，而且碰到一批很好的朋友，真是幸运。

回顾当时曾经看过的书，有一部分是“文革”以前留存下来的，比方说社科院的文学史，三册之中我当时看到过第二册，比方说刘大杰先生的《中国文学发展史》，当时出了第四版修订的第一册，我看到以后很认真地从头到尾仔细地读过。在七十年代前期的时候，看到过郭沫若的《李白与杜甫》，看过范文澜的《中国通史简编》。我现在研究唐诗，而且稍微有一点成绩，但是我看到《唐诗三百首》的时间非常晚，一直到二十岁左右才看到过《唐诗三百首》。当时，上海古籍出版社的前身中华书局上海编辑所出版的《唐诗一百首》也曾经读到，都是知青辗转借来阅读。但是八年的时间我读书不系统，能找到什么书就看什么书。

那时候有一段往事，叫“批林批孔”“评《水浒》、批宋江”“评法批儒”，等等。虽然那时候政治运动离我们很远，我们只不过在长江边一个小岛的农场，但是这一类的书，我基本上看到什么就读什么，虽然没有去参加具体的政治运动，但把当时出版的古人原著、一些注本都给看了。那时候上海有个刊物叫《学习与批判》，现在回顾它，说是涉及政治阴谋或者政治宣传，但是它整个的风味，还是和一般的政治刊物有所不同。其中还是有一些有文学姿态的文章，或者是有文史积蓄的文章，当时我几乎每一期都看。我虽然是农场一个很基层的知青，但是当时能够看到复刊的《文物》《考古》《历史研究》，还有其他几种刊物，我都曾经订过，我也订过报纸。那个时候凡是出的能看到的，我都尽量地去看。

上海人民出版社的张钰翰在这里，他们前些年出了一本书叫《胡适许怡荪通信集》，许怡荪是胡适少年时期的一个朋友，在胡适最落魄的时候，许怡荪及时提醒他，说你的前途无量，你应该出去留学，实际上胡适的留学日记是为许怡荪写的。我也碰到过这样的朋友，大家曾经一起读书，彼此激励。虽然看不到今后会如何发展，但会有一个小圈子，大家努力读一些书充实自己。

很多的朋友都会问，怎么看待知识青年上山下乡的事情。我在这里可以负责任地说，知青之中有许多非常杰出的人才，但在这十年他们的学业中止了。很多最好的年轻人前途被改变了。但至少对我来说，我认识了中国的农民，土地的耕作，庄稼的生长，从具体的技巧到节奏的把握，整个流程我都极其熟悉，我每天都在那边布置，都在那里检查，都在那里带头劳作。就算在这种生活之中，个人依然有成长的机缘。

■ 我始终把读书当作有兴致的事情来做

到复旦以前，和其他的知青相比，我读书算是有一定的量，读得比较多，自学的动力是科班不能比的，但是知识的系统性、完整性或者说精确度，都有很大不足。我虽然在中文系也做过一段时间系主任，但我始终知道一点，自己基础并不是很好，比方说现代汉语最简单的主谓宾、定状补，我就不容易完全说清楚，因为真的没有老师向我系统介绍过。等到我在中文系读书工作以后，又没有机缘再向人家请教。人家觉得你不应该不知道的，但我真不完全知道。

我们这代人可能有个通病，我们自学的时候，对问题的深入、对读书的渴望，那是到了别人觉得不可思议的程度。但我们的基础又普遍有限，有的时候遇到什么字会读错音，对一些字意的理解有差别，这些知识上的出入，我们也在努力逐渐改变，但是没办法彻底解决。正因为有这一层，我觉得我算是非常幸运的，八年的农场生活，再早一点从休学开始的话，就是这十年"文革"，它对我影响非常小。尽管劳作很辛苦，是真正地干农活，但这磨练了我的意志，增强了生存能力，也让我明白了社会上还有这样一种生存状态。这是我读书的第一个阶段。

我的幸运来得也算偶然。如果我不是最后一届工农兵大学生，到第二年全国高考恢复的时候，我是不是有能力通过高考，我没有把握。因为整个初中到高中的数理化，我只读过初中一年级，后面都没学过，要通过高考真是特别困难。

但是到第二年参加研究生考试的时候，我比其他所有

陈尚君教授分享读书经验

“文革”前的大学生有利，我在学校里边，可以利用学校的图书馆。我有一个系统的复习，能够把文学史上的各种问题梳理清楚。所以说我这个人，在好多方面都是被动的，不是我想如何，而是有别人在后面推动——觉得我还可以，是个人才，就把我发掘出来，把我推着往前面走。

考上研究生以后，就会发现人和人真的差别非常大。我记得很清楚，考取研究生没几天，我们系里的杨明老师，他比我大整整十岁，很谦恭地拿出了一本他整理的《龙洲集》让我指正，我一看，居然已经成熟到如此程度了，我当时还真是找不到北。

在那段时间里面，我觉得我学习能力不错，动力很足。

之前在农场是找不到书、看不到书的，从中外名著到各种学术著作，都和复旦的图书资源不能比的。到学校以后，我觉得在读书上我和其他人有一个很大的不同，我始终认为读书是需要靠激情的，所以在复旦第一年，我基本上是以一种很傻的方式，把复旦图书馆里文史方面的书，尤其是和中文有关的，一个架子、一个架子地读，有的时候把书拿出来翻一翻，有兴趣就读，始终把读书当作有兴致的事情来做。那段时间进步非常快。

我始终是一个不太自信的人，但是推到一定程度了，也就希望自己能把事情做得更好。当时报考研究生，一听说专业课录取一个人却有九十个人报名，真的很缺乏勇气。当时记得很清楚，我在学校路上碰到陈允吉老师，告诉他这个情况，我问他我能行吗，陈老师说，你的实际水平已经不差于“文革”前毕业的大学生，只要好好发挥应该会有机会。考试的过程我觉得还算发挥得不错，拿到考研试卷以后，不觉得问题答不出，而是觉得这些题目出得太简单了。

出了什么题目呢？你想想看，就是出十个名篇，然后要你指出这一篇是哪一个朝代、哪一个人所作。其中有个题目是《秋兴八首》，大家都知道是杜甫作的，这十个题目每一篇的东西我都作答，比方说这一篇，作者是唐代的杜甫，他在哪一年哪一月什么地方写的我都能说出来。后来王水照先生负责阅卷——我年龄比王先生小很多，但是到复旦的时间比他早一点，那时他算是刚刚从中国社会科学院文学研究所引进，所以辛苦的事情都让他做，考卷也是他阅卷。他说那个地方我发挥得很特别。当时的科目里边，我外语稍微弱一点，但是外语在七八年考研的时候，是可以带词典的，我虽然外语很差，但是词典翻得很快，所以还算蒙混过关。后来辛苦的是，评职称的时候还要进行外语考试，真的是很辛苦。但是还好，我们系里的老好人是蒋孔阳先生，他当时出了一个题目，拿出来一页黑格尔原著要我翻译，我在中文系办公室里，对着词典翻译黑格尔，大致还是蒙出来在讲什么意思，所以蒋先生也给我通过了。

当时考研的时候还有一道十分的题，是谈红军二万五千里长征的历史意义和现实意义。当时天天都在讲新长征路上如何如何，我就忘掉这一点，扣掉五分。所以我有机会到复旦，在复旦考研的时候非常顺利进入了专业的道路，是很难得的机缘，自己也抓住了这样的一个机缘。

但是讲句实在话，进入研究生阶段学习以后，我很清楚知道自己不行，看到进来的各位实力超强。因为第一届研究生的时候，最大的年龄和最小的年龄大概相差近二十岁，我们那一届年龄最大的是一九三七年的，最小的是一九五五年的。在学术研究上面，有一些人进校的时候成熟程度已经很惊人了。我们系里的游汝杰老师，进校以后参加过一个国际会议，他提交那篇论文的题目是《从语言地理学和历史语言学试论亚洲栽培稻的起源和传布》，他把水稻的读音从日本到印度，穿过中国到东南亚画了一条线，用稻谷读音的语言演变现象，推测出稻谷最早起源的地方是在云南、广西还是东南亚那一带。当时我看到那个文章，惊讶到了。我还不知道方向在哪里的时候，他已经达到那一种程度了，后来知道他是夏承焘先生的内侄，有家学传承。他本人一九六二年俄语专业毕业，毕业以后就一直做这方面的专业研究。

我这个人最大的好处就是见贤思齐，自己不如别人，就努力补上去。一九七八年开始研究生学习的时候，读书的气氛非常之好。现在复旦的图书状况已经改变了，当时对大学生开放的图书馆，是现在校内进来左手理科图书馆这个位置。到了研究生的阶段，可以到现在的外办，就是一千一百号的地方，那边有一个比较好的完整的文史哲参考阅览室，可以在那儿看书。

七七、七八年的时候，整个校内读书气氛非常好，图书馆早晨八点钟开馆，开馆之前就已经排了很长的队，基本上一开馆马上就没有位置了。我当时用的比较多的，是复旦图书馆一楼大厅里边的古籍阅览室。那个地方基本的几套书都在，所以有机会充分阅读，提升自己的专业水平，虽然说起来过程很艰苦。

回过头来说，我从一九七七年三月到复旦，到一九七八年九月就进入研究生学习，仅仅是一年多的时间，这个改变实际上和整个社会大环境有关系，一九七六年中国社会发生变化，大学里非常明显，可以看到努力读书的风气，大家都是意气风发，追求新的目标，我也是在这个过程之中被裹挟，跟上了这样一种节奏，这样一种步伐。

▌我觉得看杂书会有一个好处

我前些时候在中文系讲过一个题目，叫“跟随朱东润先生读书”，和今天的题目稍微有一点重复，但是我还是要稍微简单说一下。我在复旦遇到几位很好的老师，给了我很充分的指导。我自己是有这种感觉，老师是在发现好的学生，学生也应该和老师互为呼应。

我在复旦碰到的第一位好老师，是中文系的陈允吉先生。当时陈先生应该是三十七八岁——他现在过了八十岁——在系里边是不是评上讲师了我不知道，应该是学术上刚刚起步的状态。当时教师定期到学生宿舍来回答学生的问题，我当时担任陈老师的课代表，他每周三必定到学生这里来走一圈，我就陪着他。一圈走完差不多是半个小时，还有近两个小时的时间，我一个人陪着他，我问各种各样的问题，他滔滔不绝地讲各种各样的问题，这一段经历大概有半年左右的时间，我把感兴趣的各种各样的问题来问他，他也把所知的各种各样的知识告诉我。问过什么我现在都想不起太多，古往今来什么东西都谈，他了解了我，我也得到了很多指点。

我现在也跟学生讲，学生要会提问，提问的姿态好不好，在于你了解老师多少，你自己的知识多少。既不能提太浅的问题，又不能问太深的问题。问太深的问题，老师也不知道；问太浅的问题呢，显得学生很可笑也不行。那时候陈允吉老师很有兴致，他知道的东西也特别多。我觉得看杂书会有一个好处，那时候读过鲁迅的文集，一小本、一小本出的时候，我基本上都收齐了，也都读过。好像鲁迅书里边有一段话，大意就是，问太浅的问题，被老师看轻，问太难的问题，把老师难住也不行。所以我当时和陈老师相处，始终把握这样一个节奏，收获就很多。

我进入研究生考试，当时是王运熙先生推荐的。一九七八年，我们系里王运熙、胡裕树两位先生晋升教授，我在校门口看到提升职称的告示。后来我说要报考研究生，要找专家推荐，陈允吉老师就帮我找的王先生。我第一次见到王先生本人，是在中文系的楼梯上面，王先生很和善地就答应了，后来研究生面试也是王运熙先生主持的。当时王水照先生负责叫号，王运熙先生主考，副考是顾易生先生。面试问了很多的东西，我还是回答得蛮老实的，知道什么说什么，不知道就说不知道。我记得当时王先生问过我，哲学史有没有读过什么书，我说读过任继愈主编的《中国哲学史》，只读了前三册，第四册没有找到。王先生说第四册还没有出

一九八八年六月，陈尚君教授与王运熙先生、王水照先生、骆玉明教授在复旦大学曦园留影（左起依次为王水照、王运熙、陈尚君、骆玉明）

版。其实我还读过早就出版的《中国哲学史参考资料》。现在真的很难还原我曾经都看过哪些书，但当时真的是怀着渴望在读书，有一定能力来消化，不能说完全都读懂了，有些书只能算是翻过，在懂和不懂之间不断地提升自己，就以这样一个面貌进入研究生的专业学习。

当时专业学习和现在不一样，第一次研究生恢复招生的时候，学校管理很简单，整个研究生部当时不叫院，只有四个老师，我们都认识。管理的表格、措施都很简单，一切导师说了算。课程只有两个部分，除了英语有别的老师授课以外，专业基础由王运熙先生负责，专业课由导师朱东润先生负责。朱先生的方式，是每两周有一个半天到他那边去授课，主要是带我们读唐宋的文学作品，朱先生也讲他自己的见解。我现在把朱先生的文集也整理了，遗著我也整理了几部，我明确告诉大家，朱先生的学问在当代的学者之中很少见，达到的宽度和深度都是惊人的。而且朱先生的学问始终抱有强烈的忧患意识，始终把传统的学问和现代的学说结合在一起。

他教学中传统的一面，和他最初读的书有关，他是从经学、小学读起来的，但是后来又有过一段留学的经历，早年又教了十五年的英文。所以在后来中国文史研究之中，他是一个特立独行的人物。朱先生的书斋，取了一个名字，叫

朱东润先生工作时留影

"师友琅琊馆"，这是取自杜牧的一首诗，有两句是"九原可作吾谁与，师友琅琊邴曼容"。这两句不容易完全解释得清楚，杜牧的意思是讲，如果把古人都从地下请出来，他们回到人间，你愿意与哪一位交朋友？杜牧说，我愿意与东汉的邴曼容做朋友，为师为友。朱先生是取这句作自己的书室名。

师友琅琊的意思，是对东汉邴曼容的尊重，而邴曼容这个人有个态度，简单来说就是有自己的立身原则，不强求进取，但自我要求特别严格。不强求闻达，但也不仅仅是谦退。朱先生的经历就非常明显。朱先生是一个不受传统主流、或者结论成说左右的学者。跟他读书以后，最直接的感受，就是他讲到对任何事情的看法，都和一般的说法不同，有他自己独特的体悟。他的体悟最初提出的时候，好像讲得很随意。但当你仔细去读他的著作，就越来越能够体会。朱先生的工作，是读古书融通透彻以后，才得到自己的认识。

我后来整理朱先生著作，能够知道当年老师所讲的内容，自己并没有完全听懂，没有完全了解。所以我最近几年整理朱老的遗著，是重新学习的过程，是一个重新读书的过程，也有特别的收获。

朱先生对学生，对我要求非常严格。在我第一年读研的时候，朱先生说过一句话，他说像你这样是不应该跳级的。朱先生这么说的理由是什么呢？他说，我的孩子读书的时

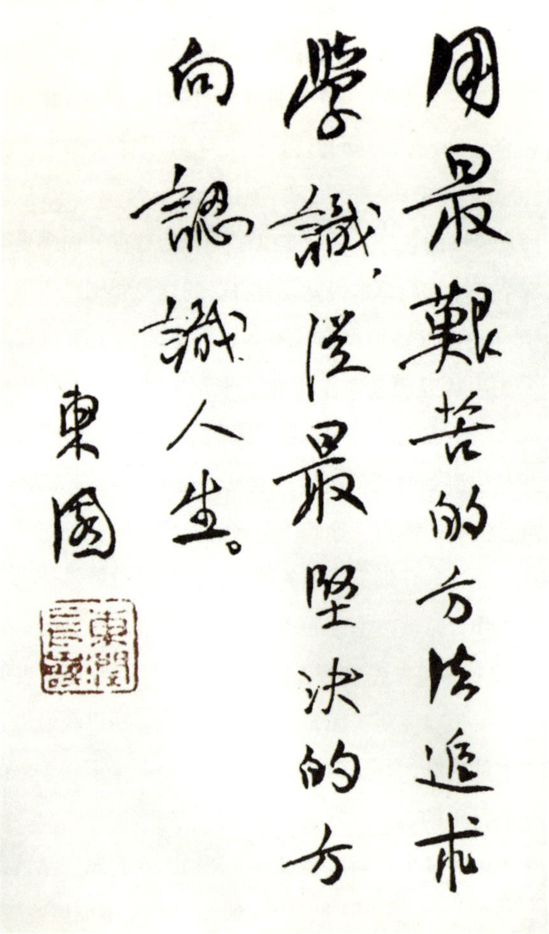

朱东润先生手迹

候，我请老师吃过一次饭，那时候小孩小学四年级，我希望老师让我的孩子留一级。朱先生认为小孩在成长的时候最关键，如果在这个时候拼命拔高，小孩子可能是会受伤的，对他的发展是不利的，让他留一级会更好。所以朱先生由此引申，说像我这样的大学第二年上学期就考研究生不合适。

朱先生有时也说，像你这样的不应该由我来教，应该由易生来教——顾易生先生，是他的大弟子。因为朱先生对我的能力或者写作方面的水平，确实缺乏信心。当时我觉得我应该做一些工作，让老师能够看得上我，虽然目的性不一定很强，但自己终归是要改变一下自己比较好。所以研究生第一个学年末，朱先生布置我们作业，作一个题目，叫“大历元年后之杜甫”。

当时朱先生自己的《杜甫叙论》还没有写完。但冯至先生的《杜甫传》我是读过的，朱先生自己也说，因为《杜甫传》写得不错，所以他写杜甫的传记就不叫《杜甫传》，叫《杜甫叙论》。那一年朱先生在系里也做过学术报告，报告的题目是“杜诗的两个高峰”。朱先生给我们上课的时候说过，他很怀疑杜甫从长沙南行的目的是想到勾漏山炼丹去，我当时也抱有怀疑，所以“大历元年后之杜甫”题目出来以后，朱先生很郑重地说，尽量自己写，如果自己写起来有困难，把别人文章抄来也给分数。这个中间，老师是很友善地提醒我，希望我自己写，但是实在对我没有信心，我想不能怪老师。

所以那一年夏天，我对自己还是有一点要求，真的希望自己在学术上做出来一些独特的东西。看完整个杜甫传记以后，我觉得题目的问题始终没办法回答。杜甫一生其他时段里的经历都看得清楚，但是他生命的最后五年，突然离开安定的成都草堂，沿江东下，走了一个奇怪的“之”字形，到底是什么目的？

旧说认为，杜甫因为严武已死、蜀中将乱，于是避难东下，但我觉得从杜诗里面看到的不止这样。所以我当时就掐天掐月地计算杜甫的行程，并把杜甫的诗前后仔细地阅读、仔细地比较。我当时分析下来，认为杜甫入严武幕做剑南节度使参谋，和检校工部员外郎不是一回事情。杜甫离开成都草堂，首先一个目的是进京，而在峡中的停留，是偶然改变主意。我当时实际上给朱先生交了三篇文章，第一篇文章我后来在二〇一一年复旦出版社出的“三十年集”系列丛书《敬畏传统》里面收了，是原稿，是当时交给朱先生的作业，过了五年我才整理发表在《复旦学报》一九八四年第一期，改了题目叫《杜甫为郎离蜀考》。

这篇文章我相信朱先生看了以后会理解，我对杜甫晚年的理解，把宋代以来的基本论述给否定了，系统提出这个关节点上对杜甫新的认识。我当时真的学术水平尚浅，也没有新的思路，也没有其他新的办法，所以我写了三篇文章，第一篇文章探讨杜甫为什么离开成都草堂，是有新意的；第二篇是讲杜甫离开成都草堂以后的思想变化，第三篇是讲杜甫晚年诗歌的艺术成就，这毫无新意——所以后面两部分我始终没有发表。朱先生看过的是第一部分，我拿这篇交了作业。

朱先生第一学年第一学期的作业，是对治世之音、乱世之音的评论，要求结合唐宋文学作品，用文言写一篇作文。我也写了交上去，老师也算是给了成绩。但是之乎者也、哼哼哈哈的，自己也觉得不满意，过于做作。但是第一学年第二学期结尾，我这个文章有一些新意，朱先生一定程度上是认可的。

后来作学位论文的时候，我换了几个不同的方向，最后做欧阳修，我交给老师的是《欧阳修著述考》。朱先生看到以后就说了一句：像你这样作学位论文，三年大约是不够的。我认为朱先生还是认可我在这个题目上花了比较大的气力。我研究欧阳修的第一步，就是把欧阳修所有的著作做了彻底的清理和界定。这个工作还是有意义的，而这个做法其实也是受老师的启发和熏陶。

当时的复旦，我感觉老师是不主张学生发表文章的，认为发表文章当时可能会得到一些好评，但到晚年你会后悔。这个看法和现在很不同，不像我们现在要求学生要多发文章。当然你要发表文章的话，就得让老师能够看得上，能够达到他期待的水准。我现在也和学生讲，你写的文章要假设一个读者，你文章的对话者如果定位为学术大师的话，你就会写得很小心，从选题到表述都会拿捏一个分寸；但如果是随意写一下自己的感受，其实没有太多收获。所以刚刚傅老师转述朱先生的话，说我“会给复旦带来光荣”，这段话不是朱先生对我说的。朱先生为人确实和别人不同，他不太当面表扬学生。他对我说的，就是这篇文章还不错，问题挖得很深。但他后面还是带了一句话，说有些文字不太通顺，还有一些错别字，这个都是难免的。

在学术的起步阶段，我跌跌撞撞走过来，能够有一两篇文章入老师的法眼，这是自己的一个幸运。至于说在学术上走出自己的路，那是非常辛苦的事情。朱先生的态度是，你们写的文章自己觉得合格，就自己去投刊物，我不帮你们推荐。我们当时自认人微言轻，写的文章可能别人不注意，朱先生的意思是，你如果觉得自己人微言轻，你就应该通过努力提高自己的水平，而不是要靠别人来推荐。

一九八一年十二月，陈尚君教授研究生毕业时与导师朱东润先生合影

而王运熙先生则是见善必举。王先生当时负责我们的公共课，那时候公共课也非常简单，王先生作为古典文学教研室主任，负责古代文学六个研究生的授课。可能是每周，也可能是隔周，我现在记不太准确了，反正王先生是到我们宿舍给我们上课，我们六个研究生坐在中间，王先生坐在旁边一个床的角落里边，拿出一个练习本，就给我们讲。王先生讲的东西是最基本的、最直接的知识加文献学，文献学是讲几个，目录学他讲一次《汉书·艺文志》，讲一次《隋书·经籍志》，讲一次《四库提要》。王先生始终有一句话，他认为他在复旦遇到了许多好的老师，而《四库提要》对他一生学术影响最深。王先生早年家住得离合众图书馆很近，他是在合众图书馆读《四库提要》的，所以这是王先生自己的心得之言。阅读《四库提要》有个好处，可以知道学术源流，也知道每一本书的流传过程。最重要的，王先生在《四库提要》之中学习到治学的态度，公正平允，就是执中之论。

在走廊里读金陵书局本的《史记》

王先生讲目录学——版本学好像是徐鹏先生来讲的——校勘学也讲了一些基本的原则，同时也讲了历史，王先生主张要读《史记》，读《资治通鉴》。我们当时受蒋天枢先生的影响，认为《史记》绝不能读标点本，要读金陵书局本。好在那时候复旦图书馆里的书都可以借，所以我们把金陵书局本借出来，每天晚上十点半宿舍灯关了，走廊里还有灯，就在走廊里读金陵书局本的《史记》。

王先生特别主张读《资治通鉴》，这个传统我们也一直告诉学生。另外哲学的部分，王先生叫我们读《论语》《孟子》《庄子》《老子》，知道一点佛道部分的内容。这一部分看起来简单，其实是中文入门最基本的。王先生还有一个优点，就是特别能见到学生好的地方，他主动帮忙把我的文章寄出去、投出去。我自己写的第一篇文章，是看到《南京师大学报》刊登了孙望先生辑出来唐人的佚诗。我就用上海书店出的带索引的《佩文韵府》，一个词语、一个词语去查，查证哪一些是《全唐诗》里有的，就写了一篇文章，大概三千多字，王先生当时看到我这第一篇文章，说，这样的文章应该已经可以发表了，但是孙望先生我认识，你这个文章我觉得还是应该寄给孙先生看一看。结果孙先生很快就回信了，王先生说既然孙先生已经接受了你的意见，这个文章就不合适发表了，所以这个文章我到现在也没有发表。

到我研二上学期的时候，读夏承焘先生的《唐宋词人年谱》，感到对温庭筠生年的考证还有重新斟酌的必要。仔细分析以后，发现问题就集中在涉及温庭筠生年的那首诗，赠送的对象淮南李仆射到底是谁。夏先生认为是李德裕，因此把温庭筠生年考订为八一二年。我认为是李绅，就把温庭筠的生年往前推了十二年。以前有一些基本文献老是解读不通，如果让温庭筠早生十二年，对他诗词的解读就会不同。这是我发表的第一篇长文，叫《温庭筠早年事迹考辨》。王先生大概说，这样的文章作为学位论文也已经够了。当时我就觉得已经写了嘛，研究生论文还是可以另外解决的，所以那篇文章我在研究生期间就发表了。

这篇文章发表以后朱先生看到了，当时《中华文史论丛》是朱先生主编，但不是通过朱先生去发表的。朱先生看到以后说文章写得还不错，内容还可以有一些加深。刘学锴先生的《温庭筠全集校注》中引了我这篇文章，同时也有一些细节之纠订。我觉得当年学生时候写的文章，有一点任意解释、过度阐发，是学术不成熟的标志。

陈尚君教授分享读书经验

文章最初发表的时候，我还是很高兴的。但发表以后陈允吉先生在路上碰到我，他说你写东西不要老是去批驳别人、去抠别人的问题，一个人在学术上要站得住，还是要立自己的东西，不要拿出去驳别人。这个话我是听进去了。夏承焘先生的文章有解说的空间，发现以后可以写一篇文章，这是看得见的。但是这样的文章还是站在别人肩膀上写，抠出一些问题来再发挥的。真的自己要立起一个东西来，可能就很难。自己学术空间的开拓，我是在唐诗、与唐诗有关的考证方面做了一些具体工作。

我阅读的面比一般学者要宽一些

在七十年代末到八十年代初的时候，中国唐代文学的研究发生了很大的变化，具体来说，以傅璇琮先生的《唐代诗人丛考》为代表，把陈寅恪和岑仲勉两位前辈治唐史的方法，融入对唐代文学的研究。傅先生的工作受法国社会学派的影响很深，他认为伟大作家的出现一定是一种群体的现象，这是丹纳《艺术哲学》里边的看法，那些二三流的艺术家常常会被人们忽略，如果要理解一个时代的艺术氛围或者文学氛围的话，对二三流作家的研究同样非常重要。

所以傅先生这个工作，当年特别引起关注的，是关于刘长卿、韦应物、王昌龄，还有其他一些人的考订。我从里边体会到一些研究唐诗的方法，传统研究关注唐诗的章法句法，学习诗怎么写，读书是为了学诗，从唐宋以来一直到明清时期，这是文学研究的主流。而五六十年代以后，中国学术界主流的看法受苏联影响，作家作品论比较多，注意思想艺术成就，这些都不错，但对作品的解说就相对比较含糊，一个学者的阅读量不一定会非常之大。

傅先生当时提倡的做法，有一些我能学到。但是我的做法有一个很偶然的机缘，我发现一九八二年出版的《全唐诗外编》，居然还有很多诗并没有做很好的辑录和考订。在《全唐诗外编》出版以前，我给孙望先生去过信，我把自己新发现的一些唐人佚诗的线索也告诉他，他也愿意收进去，但是等到书出来的时候，发现那些东西并没有来得及订补进去。那么我就会有一个困惑，为什么唐人的诗，前人做了那么多，清代以皇家之力来编《全唐诗》，在《全唐诗》以后，又有几个名家做了订补，为什么我手上还有一些唐人的佚诗存在？

以这个为启发，如果我用目录学的方法来掌握群籍——因为当时上文献学的课，最直接的启发就是通过历史上的书目，知道古人在古代曾经做过哪一些书——通过《四库全书》和《中国丛书综录》，知道哪一些书保存到了现在，同时把这两种目录相互比较，会发现哪些书失传了，失传的这些书，有没有其他途径可以保存下来。我们阅读唐诗，一般是读唐诗的选本或者唐人的文集，但唐人的诗亡佚的过程，正如同一颗陨石从天上掉下来，分裂成无数的碎块来到人间。古籍亡佚的过程中，它的内容在各种典籍之中都会有所保存。带着这种理论，我开始独立做唐人诗歌的辑佚和考证，把全部存世的典籍作为考察对象。当时我年纪轻、精力好，翻了许多种的书。我自己记得非常清楚，我结婚一个月的前后作了一篇文章，叫《〈全唐诗〉误收诗考》，讲《全唐诗》中并非唐人所作诗歌，一篇文章大概考出了六七百首诗。那篇文章写过两稿，后来发出来的是重新改进过的，八五年底在《文史》第二十四辑发表。

这篇文章开启了我独立研究之路，就是在一个专题上从最基本的文献开始做研究。当时写那篇文章，因为我觉得在做唐诗辑佚的时候，应该对前人种种的错误加以梳理，避免自己犯同样的错误。必须承认，在当时做这样大的题目，我自己学术根底和实力是不够的，借助了各种各样的工具书，比方说宋人的诗是如何被误收进《全唐诗》之中的，我在学校图书馆看到了中国台湾昌彼得、王德毅、程元敏、侯俊德编的《宋人传记资料索引》。那本书现在很常见，当时两岸关系完全没有打开，复旦图书馆从不知道什么渠道进来的这个书。我当时把那个书和《全唐诗》作者索引，逐个逐个对读，发现线索再一个一个加以追踪。

我觉得在八十年代看书有它独特的地方，现在很贵的书当时卖得很便宜，七十年代到八十年代，司马光的文集八毛

陈尚君教授一九八七年工作时留影

陈尚君教授近期工作时留影

钱，苏辙的《栾城集》一块两毛钱，《欧阳修文集》六册是两块五毛钱，这些书自己可以买到。同时学校图书馆的线装书都可以借出来，只要不是善本都能借出来，而且从图书馆到资料室都可以带书进去一个个对核。

当年我自己手上有一套《全唐诗》，然后跟各种基本典籍做过大量的比对。这给自己后来的研究带来很多便捷。通过这样一个过程，我独立做出了自己第一部著作，就是《全唐诗补编》。最初交稿是在八五年二月份，是两千多首诗。后来中华书局退改以后，叫我再修订《全唐诗外编》，出版一直要到一九九二年——那个时候出书很难，而且我做的是一个会引起学术界关注的题目。所以一九九二年出版的时候，我也觉得很荣幸。我这部书，钱锺书先生曾经读过，而且做过笔记。当然这个书是在前数码时代做的，现在可以检索了，估计可以发现里边有许多的问题。因为在做这本书的时候，有些书说是唐人，但其实是宋人的，当时没办法检索，分辨不出来。现在可以检索了，许多问题就容易发现了。限于当时的条件，我们只有那么多的方法。

但我最重要的体会，第一，就是通过熟悉目录学掌握群籍，掌握各种的书，把所有前人的书作为文学研究的参照文献加以阅读和利用。所以我阅读的面比一般学者要宽一些。第二，就是文史结合，将文献中可确定的时间、地点等进行定位。我比较重视人、事、时、地、书，从这个五个方面，可以把自己读过的书进行网格化、进行定位。我认为我的考证和前人的考证相比，对于读过的书里边涉及的作家和作品，它年代的定位，地点的定位，人的归属的定位，以及所出书的定位都更为精准。这方面文史没有界限，是打通的。第三，就是对一切文献都持怀疑的态度，不盲目相信。当时我受一些学者影响非常深刻，陈垣先生有一本小书，叫《陈垣史源学杂文》，其中有他治学的格言，就是“毋信人之言，人实诳汝”，别人都在骗你，这句话我印象很深。在治学的过程之中，一切都要经过自己的判断，而不盲从别人所说的话。这些都非常重要。

《全唐诗补编》做完以后，我又做了《全唐文补编》。从我个人来讲，《全唐文补编》的学术质量比《全唐诗补编》要好很多，文本当时反复做过校勘。上次徐俊先生在这里讲座，我真是给他添了很多很多的麻烦。现在《全唐诗补编》的手稿不知道到哪里去了，《全唐文补编》的手稿，我后来又从中华书局扛回来了，后来校样的改动都是密密麻麻的。中华书局当时也是不惜工本，所以这个书做得还相当不错。当然也有很明显的疏漏，比方说日本的二玄社，那里边儿印成了三玄社，我也不知道是我校样没有看出来，还是当时有一部分校样请学生看的，总之是自己的责任。

之后我又做了《旧五代史新辑汇证》。这样的工作让我接触到古籍数字化给现代学术带来的根本变化。

二〇二〇年十一月，陈尚君教授、徐俊先生志达书店讲座后留影

书要人来读，读到一定量之后才有真的提升

这方面大概从九十年代末开始，最初的标志，是上海人民出版社做《四库全书》的电子化，最初是卖光盘的。做出来以后到复旦座谈，最初大家觉得不可思议。后来《四库》全文检索都出来了，我到香港去，他们向我演示检索古籍，比方说载歌载舞，包含两个“载”的句子出现的频率都可以显示出来。当时很惊讶，这对传统文史之学带来的变化是根本性的。

一开始我很彷徨，直到最近十多年，我决定要坚决跟上这个新形势。我现在手上还有两部书，第一部，是逯钦立先生的《先秦汉魏晋南北朝诗》的增订本，这个增订本我是二〇〇六到二〇二〇年之间做的。我一开始在纸上面做稿子，因为这样改动每一个字都看得清楚，能追踪，如果用电子文本做，你一改原来什么样子就找不到了，不放心。但是上次中华书局徐俊在这里做了讲座以后，我问他要《先秦汉魏晋南北朝诗》的一个比较好的电子文本，我在这个基础上面重新做电子文本，最近全力以赴在做这一部分。原来纸质文本已经做好了，还有一部分没有定稿，但是现在回过头来看，里面问题很多，我就准备把这部分再重新做一遍，做一个全新的电子文本，再交给中华书局去出版。

第二部，就是做《全唐诗》。《全唐诗》的工作我最初希望和别人合作，但是大家认识上有差距。我实际上在〇八年到一一年之间下了决心，最近的十来年全力以赴在做这部书，没有说完全定稿，但是大端的东西应该已经摆定了，所以我先交给出版社去审读。还会有一些新的发现，昨天复旦一个研究生告诉我，他家里族谱之中有一百多首唐诗，给我发了，看了以后发现居然还可靠，这个真的是很惊人。

我在这里要特别说明一下，传统学术在现代转型之中，利用现代科技完成的古籍文本检索和图书资源公开，带来了无穷的资源，但是，传统学术的一个原则并没有改变，就是书要人来读，读到一定量之后才有真的提升，你才能判断文本，才能理解文本，才能解说文本。我这几年之中，一方面在做《全唐诗》文本的全部校订，现在交到出版社大概是一千三百万字，大端是摆定了，但是遗留的问题仍然细如牛毛，头绪太多。但是这一部分做出来以后，我有很深的感慨：现在的学术环境，对一个真正要做学术的年轻人来讲，提供了无数可以开拓的空间，题目太多了。问题是自己能不能达到一定的认识高度、达到一定的水平来掌控要做的题目。

现在新的古籍检索可以提供许多便利，比如以前我做《全唐诗补编》的时候，在明人的一本书里面发现一首诗，他说是唐人的。如果它是唐人的，那《全唐诗》里有没有呢？没办法检索。从六十年代以后，河南有人做《全唐诗》的首句索引、每句索引。到后来日本人做《全唐诗》逐字索引。有了这些工具，如果把其他时代的文献混淆为唐代文献，比如这个明代人的诗误收在唐代人名下，一检索就能发现问题，这是以前做不到的。

第二，电子文本的写作，具有不断修改、不断累积、不断更新的方式，非常之珍贵。比方说白居易诗的校勘，前人做过大量工作，但是我得到的各种文本，都在一个文件之下反复不断地校订修改，我们以前讲某某人的文章，他改了八次，大家觉得佩服得不得了。我现在可以告诉大家，我手上在做的《全唐诗》，里边白居易的文本我改过无数次，这个文本我几乎天天会打开，发现新的东西添上去，发现新的文本做改进。所以，我觉得不是我能够超越前人，而是我掌握的手段能让我比前人做得更好。这中间既要靠检索，也必须要目验，遵循传统学问的这一基本原则。对于复杂文献的判断和解读，需要自己学术积累，只有达到一定程度才能实现。所以我现在这部分交稿了以后，不是说已经完全正确无误，而是相信自己的工作比前人有一定程度的推进。

在我开始读书的时候，总觉得唐人的诗歌、文章的研究已经被前人做尽了，我这个后生已经没有机缘超越前人。但是这几十年下来，我觉得只要思路正确，方法得当，同时付出艰辛的劳动，仍然可以做出很好的工作。

我这几年还有另外一个变化：最近十年在各种场合之下的发言，或者纪念文章，包括一些熟悉的前辈和朋友去世所写的文章，也包括几个专栏里边的文章，这些和以前许多年有很大的不同。我这个人常常很被动，有的时候是给朋友硬推着上去的。比方说我从来不写鉴赏文章，但是被华东师大的胡晓明教授死搅蛮缠，要我为他的《历代女性诗词鉴赏辞典》写文章，他说你一定能够写得好，你写下来一定和别人不同。我捱了好长的时间，最后把它写出来，有二十篇左右。写了以后发现自己还是能做这种事情的。等到把这些文章给了《文史知识》，他们马上说后面为此开一个专栏。我也很高兴把它写下去，到今年已经进入第五年了，交了大概有一百篇左右的文章。发现自己还有这样的能力可以发掘，真的是不觉老之将至。和大家在这里谈一些往事，有别样的感慨。我就讲这些吧。

傅杰：

陈老师把他从中小学读书，一直到成为我们这个时代最顶尖的唐代文献和文学研究者的历程，在一个多小时的时间里面跟大家分享。在座还有什么问题要向陈老师请教的，欢迎大家提问。

听众一：

陈老师您好。我是中学语文老师，想问一个中学语文教学里边小小的疑问。我们平时在给学生讲词的起源的时候，目前比较公认的一种说法，是起源于唐末，发展于五代，兴盛于宋。但是我前些天刚刚看到韦力老师写的《觅词记》，其中列举了关于词的起源的很多种观点。比如说我个人比较认可的说法，说词来源于《诗经》。我今天很想知道您在词的起源方面有什么看法，谢谢。

陈尚君：

这一点应该说学界的看法差别很大，认为起源于《诗经》的，把词仅仅理解为句式有长短的，就算是词。这个显然是不妥当的。

陈尚君教授回答现场听众提问

在现在严格定义上来讲，词指宴乐歌词，它和清商乐或雅乐，是严格地加以区分的。所以理解什么是宴乐歌词，对理解词的起源是最重要的。什么是宴乐歌词呢？它应该可以溯源到南北朝末期、隋唐的初期。这个历史时期成熟意义上的词并没有出现，那个时候的词，还是配合音乐歌唱的。词的成熟应该到了中晚唐，就是词和诗开始分家了。

词有几个最重要的标志，它的音乐属性，所谓有词牌，然后是填词，然后句式有长短，在音节上边有特定的规定，都必须考虑进去。

现在一般说，词在九世纪已经比较成熟了，就是八〇〇年以后。至于说最好的作品，《花间集》的作品，以及敦煌民间出现的一些作品，大概不早于这个时间。在这个时间以前的作品，比较成熟的是李白的两首作品，《菩萨蛮》和《忆秦娥》，但是年代确实有争议。

词是很复杂的一个问题，唐五代这个区间存下的作品，大概就是一千多首，主要在唐末五代。这个判断并不错。有些人认为词产生于南北朝，这是把清商乐的乐府词和宴乐歌词没有完全分清楚，有一些认识上的误区。

听众二：

陈老师，我问一个应该说比较有名的公案，据说当年中文系开会的时候，您的老师朱东润先生随口说起，说陈寅恪先生晚年写《柳如是别传》，给柳如是立传，觉得可能不是太好。据说当时蒋天枢先生在场很不高兴，然后就流传了好几个版本，有的说他拂袖而去，有的说他并没有拂袖而去，只是说双方产生些争执或者说意见不同。我不知道您对这个问题的看法，或者您知道的版本是什么样子的。

陈尚君：

朱先生有一本书，不知道在座有没有人看过，叫《陈子龙及其时代》，陈寅恪先生也有一本书叫《柳如是别传》，这两本书所写的对象很接近，因为柳如是这个人，是曾经被陈子龙追逐过的一个名妓。但是这两部书，现在学术界的评价可能差别很大，《柳如是别传》几乎被奉为学术经典，而朱先生的书现在提到的人很少。

但我要明确说，你们如果把这两部书找来看看，能够知道这两部书探讨的是同一个时代同一群人的两个不同问题，朱先生的书谈的是明亡清兴二三十年之中，历史最重要的关键点在哪里，明廷之得失，以及南方之反抗，讨论的是成败得失的关键点是什么。朱先生的著作是传记文学，出自英国的做法，它是在一个人物的生命叙述中，把一个时代的兴亡更替详尽来说明，所以朱先生的书关心的是明清之际的得失问题。那么陈寅恪先生的《柳如是别传》关心的是，在这样一个巨大的变革之中，士人的心态发生的变化。所以你很难说这两部书谁更有创造性，谁认识得更深刻。只不过现在许多学者因为陈寅恪先生的名声，就有一点过于偏颇的看法。

但是你提的这个问题，我要说可能曾经发生过多次，因为我的版本和我们系里几位前辈的版本都有一点不同。我眼见的一个版本，是一九八一年十二月份，在我毕业典礼上面，朱先生发言——因为朱先生当时是系主任，所以总是他先发言。朱先生发言我是很认真听的，因为朱先生对毕业的学生要做一些诫勉。我是他的学生，朱先生是从对我的期待说起的。

朱先生说到我呢，就说记性不错，记性不错对做学问是有好处的，但是也要自己很努力，不能放松。这是一般的

朱东润先生题写“学问”二字时留影

话。然后朱先生就讲到陈寅恪先生了：大家都读他的书，那么他的弟弟呢，是登恪，登恪我很熟悉，我在武汉大学教书的时候，登恪就在我隔壁。登恪书也读了很多，懂的东西也多，问题就在于他不想做学问，他希望天天晚上找人聊天。朱先生下面就讲，他要找人聊天，我天天晚上陪着他，他聊完了天就睡觉了，我还得晚上备课，所以我那段时间非常辛苦。不过陈寅恪兄弟的书是读的真多。刚刚出版的陈寅恪的《柳如是别传》我也看了，那里边引到很多种书，许多书我听都没有听过。

再下面朱先生就说，不过为一个妓女写八十万字的传记，是不是有这样的必要，我看是可以重新考虑的。接下去还有其他的一些话。蒋天枢先生也在场，并没有拂袖而去。

隔了一两个人以后蒋先生发言了，就讲，刚刚朱先生所讲的话，大约是别有所指的，陈寅恪先生不是这样的，后来就讲他的话了。

这段我之所以可以复原，是因为老师对学生诫勉的话，我当然要牢记在心。当时与我同届跟蒋先生的束景南先生的论文答辩，蒋先生请朱先生来主持。答辩完以后束先生送两位先生回家，他们当时都住在第一宿舍，回家的路上他们一起骂另外一位老师，所以当时感情很好。也可能是在别的场合之下有过拂袖而去的经历，但是我这次没有，就是这样。

傅杰：

陈老师是五十年代出生，我是六十年代。听他的经历，我觉得感触最深的就是他们这一代人爱读书的，那是真正有追求。而当过农民的，或者是当过军人的，跟我们这种从学生到学生的真的不一样。陈老师一直说，他把农村工作队长那种不怕辛苦、全力以赴的态度带到了复旦。

那我们从学生到学生的人，这一点上当然也有做得很好的，但是真有做得很差的——我就是做得很差的一个。我前两年在出版社友人的怂恿下，把我写的一些论文、序跋、书评以及对老师的回忆收集起来出了《文史刍论》《序跋荟存》等几本小书，合题为《傅杰文录》，陈老师写了书评，其中有几句，说“视野之开阔，议论之通达，针砭之得要，援引之广博，似一时难有比肩者”，给了吓人的好评。但陈老师那个书评其实是批评我的。那个高的评价是说在现在这一辈人当中，我读书不算少，但他其实是在说我有这么好的师承，读那么多书，但是只肯“为己”不肯“为人”，不肯做一个像样的大的东西。结果有没有看明白的朋友专门把陈老师表扬我的那几句话摘出来，给我贴金做广告。我在这里要特别声明一下，我完全看得懂陈老师的话，是对我非常严厉的批评，当然也有非常热切的鼓励。我的书是二〇一六年夏天出版的，他的书评是秋天发表的，里面说“秋高蟹肥，正著述之时”，希望我好好努力。我一直达不到陈老师的期望，但在跟陈老师二十多年的交往中受到他的很多提携，得到他的很多鼓励，包括这样的批评，都是可贵的鞭策，让我获益很多，我非常感谢他。

不过我很得意的是，我二十多年前在复旦做博士后的时候，尚君老师还是四十几岁的中年学者。现在博士后没有资格上课，但当时博士后少，我是复旦中文博士后流动站第一个博士后，第二年还没出站，当时的汉语教研室主任胡奇光教授就让我到中文系开课。当时我就跟学生讲，你们好好跟陈老师学，那才是真有学问的大师。我很高兴当时听我课的学生，后来就有真跟陈老师的——当然不是因为我说了这个话。

我们现在生活条件越来越好，读书条件也越来越好。书多了当然是好事，但是书多以后看不过来了，最后就变成反正也看不过来了，多看少看无所谓了，反而不如没有书的时代，遇上两三本书就反复读。比陈老师年长的淮阴师范学院的萧兵教授，他做神话与楚辞研究，写了很多著作，他说他当时就是一部半书反复读，一部是王念孙的《广雅疏证》，一部是我老师姜亮夫先生的《屈原赋校注》，其中之一还是只有半部的残本，所以说是一部半。他说当时没有书看，然后不知道为什么有了那两部书，他就翻来覆去地读那一部半书，奠定了自己学问的基础，到最后变成神话专家、楚辞研究的专家。

我比陈老师条件要好得多，我是七九年高中毕业考大学。那个时候是计划经济，不是商品经济，书店到什么书都是计划分配的，然后要到五一、十一、元旦、春节，新华书店里才有名著卖，平时是没有的。我在杭州，真是到那些天的前一天晚上就有人拿了凳子去书店门口排队，记得最早卖的书，中国古典的有中华书局的《杜诗详注》、上海古籍的《聊斋志异会校会注会评本》，世界名著有《斯巴达克斯》《十字军骑士》。然后每人限购两种。我在中学的时候还跟人换过书，在杭州新华书店门口，一到星期天每人背一个书包，就是我有一本什么书跟你换，互通有无。在那种情况下，图书馆的书都很难让你久借不还，比如《静静的顿河》四大卷，我读大学的时候哪能让你看一个月？四天之后其他同学就等在那里，你得赶紧看完赶紧往下传，因为图书馆也就那么两部，所以晚上打着手电筒也要看——我们读大学时晚上是要按时统一熄灯的。在那样的情况下，反而能够专心致志。

当然那个时候也没有现在那么多的诱惑。所以任何时候我想还是陈老师刚才一直在告诉我们的，要有对知识的那种渴望，然后在任何时候把握住自己。不要怪时代不好，任何时代都有任何时代的问题，有它的好处，有它的不好处，但是每个时代都有最后不辜负自己的人，但是也有把自己浪费掉的人。

当然我们还是要在衷心崇拜敬佩陈老师的同时，也有两点劝告，就是不能太过分了。第一，他的《〈全唐诗〉误收诗考》是一篇大文章，完全可以做博士论文的。我二十年前曾收到我编的《二十世纪中国文史考据文录》，那本书从王国维、章太炎开始，一个人选一篇文章，选了一百六十多位学者，而今天我才知道，那是在他新婚前后的那个月，居然写出那么大一篇文章来，这太不像话了。这需要有一位多么纵容他的新婚太太才可以！所以我们要特别感谢今天也在场的给了我们复旦大学陈尚君教授那么大支持、而且今天还在继续支持的上海大学的孔沂兰老师。

第二，我们看到陈老师这么年轻，我比他小近十岁，已经没有头发了，他还满头的乌发，但毕竟是七十的人啦。我们听到他还在做那么多、那么大的项目，我们期待这些项目早日大功告成，也衷心希望他注意休息，多关注一下自己的健康，既是为了自己，也是为了复旦的学生们，也是为了中国的学术。最后我们谢谢陈尚君老师。

陈尚君教授与夫人孔沂兰老师讲座后留影

陈尚君教授为现场听众签名

別裁僞體親風雅
轉益多師是汝師

陳尚君 二〇二一、九、五

图书在版编目(CIP)数据

好书是可以读一辈子的/傅杰主编. —上海:上
海人民出版社,2021
(我的读书经验)
ISBN 978 - 7 - 208 - 17180 - 0

Ⅰ. ①好… Ⅱ. ①傅… Ⅲ. ①读书方法 Ⅳ.
①G792

中国版本图书馆 CIP 数据核字(2021)第 115873 号

策划出品 悦悦图书
责任编辑 张钰翰 倪文君 邵 冲
封面设计 陈奥林
版式设计 李双珏

我的读书经验
好书是可以读一辈子的
傅杰 主编

出 版 上海人民出版社
(200001 上海福建中路 193 号)
发 行 上海人民出版社发行中心
印 刷 浙江新华数码印务有限公司
开 本 787×1092 1/32
印 张 9.5
插 页 4
字 数 170,000
版 次 2021 年 8 月第 1 版
印 次 2021 年 8 月第 1 次印刷
ISBN 978 - 7 - 208 - 17180 - 0/G • 2075
定 价 88.00 元